【東京老舗の名建築】

二階さちえ＝著

X-Knowledge

はじめに

寿司・蕎麦・天麩羅・鰻・鍋料理と、江戸から続く食文化を支え継承する老舗飲食店が東京にはたくさんあります。しかしこと建築については、創業時の姿をとどめるものは多くありません。なぜでしょうか？　三つの大きな出来事がここには関わっています。

一つめは関東大震災です。１９２３（大正12）年9月に起こったマグニチュード7.9のこの地震で、首都圏とその周辺の10万棟を超える建物が倒壊したり火事で焼けたりして失われました。老舗の建築もごく一部を除いてこの時点で壊れ、建て直されたのです。

二つめは東京大空襲。太平洋戦争末期の１９４５（昭和20）年のアメリカ軍による爆撃は、東京区部だけでも60回以上といわれます。しかも軍用施設への攻撃より市街地を焼き払うことを目的に爆弾を落としたので、東京一帯は火の海に。たまたま類焼を免れたり運よくバケツリレーで消し止められた建物や、当時まだ少なかった鉄筋コンクリートの建物を除く大部分の木造建築が燃えてしまいました。東京の建築はここでも大きく更新されています。

そして三つめの出来事が１９８６（昭和61）年から１９９１（平成３）年にかけてのバブル景気です。土地や不動産の価値が上がって売り買いが過熱し、とりわけ都心の土地は法外な値段で売却されて次々とビルに建て替えられました。東京の景観は変貌し、地域の歴史を語る街並みや大正・昭和の味わい深い建物も解体され、姿を消していきました。

この本に登場するのは、そんな激動の近・現代東京史を乗り越えてきた24の老舗です。瓦屋根の町屋から銅板張りの看板建築、日本国内での本格使用では初期にあたる大正時代の鉄筋コンクリート造ビルディングまで、姿かたちもスケールもさまざま。時を経て深い輝きを放ち、その内に唯一無二の物語を秘めた名建築に、さあ会いにいきましょう。

目次

第1章

神田・根津

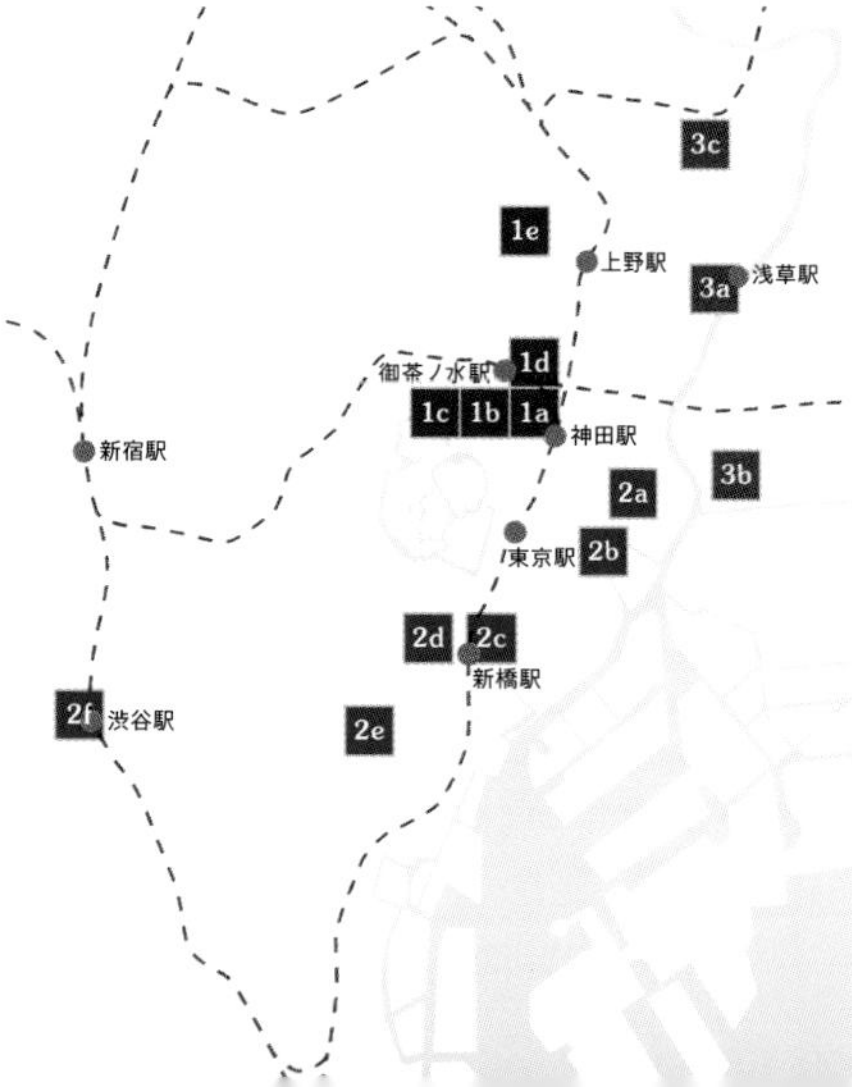

御茶ノ水　1d

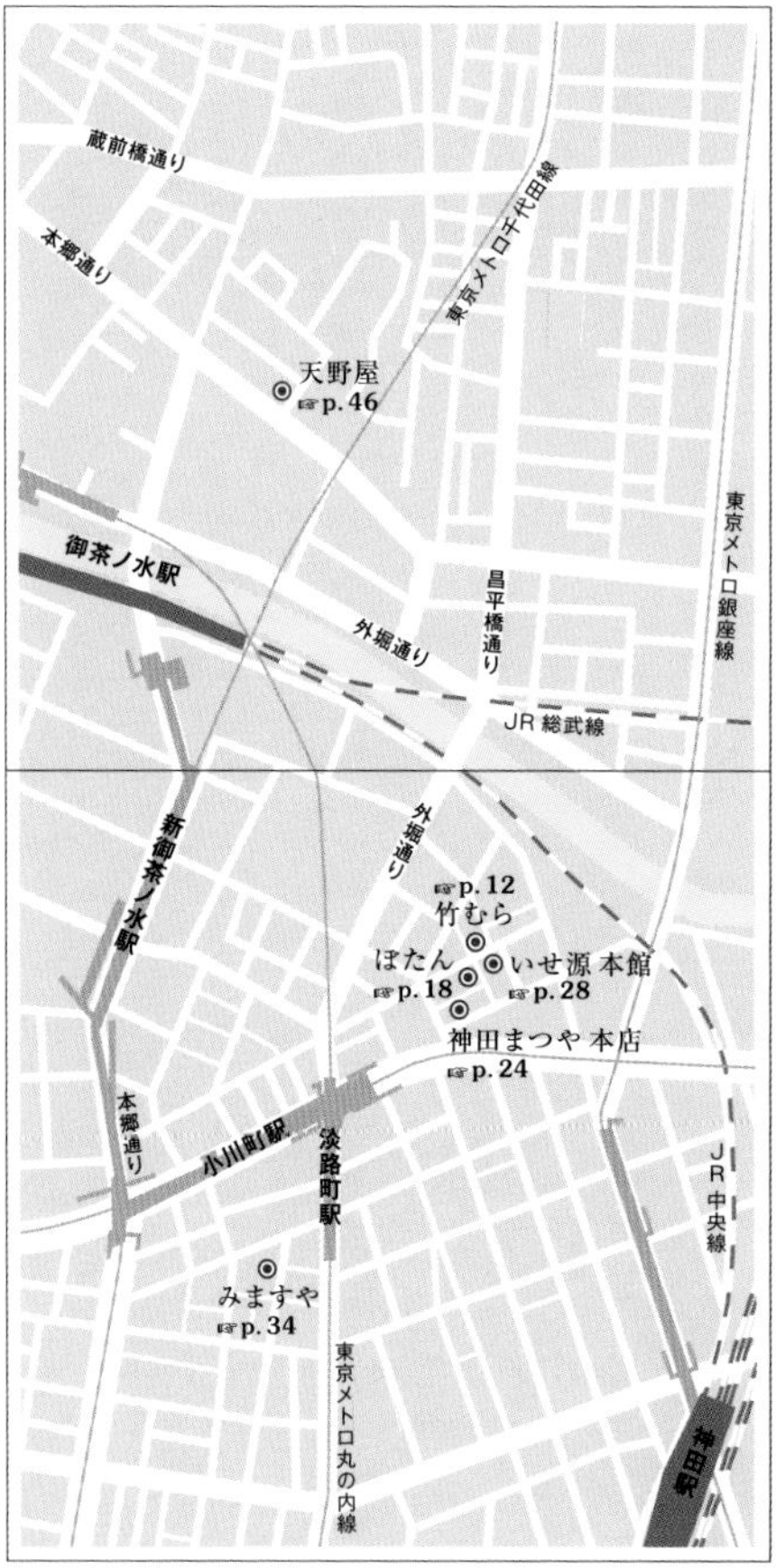

神田　1a

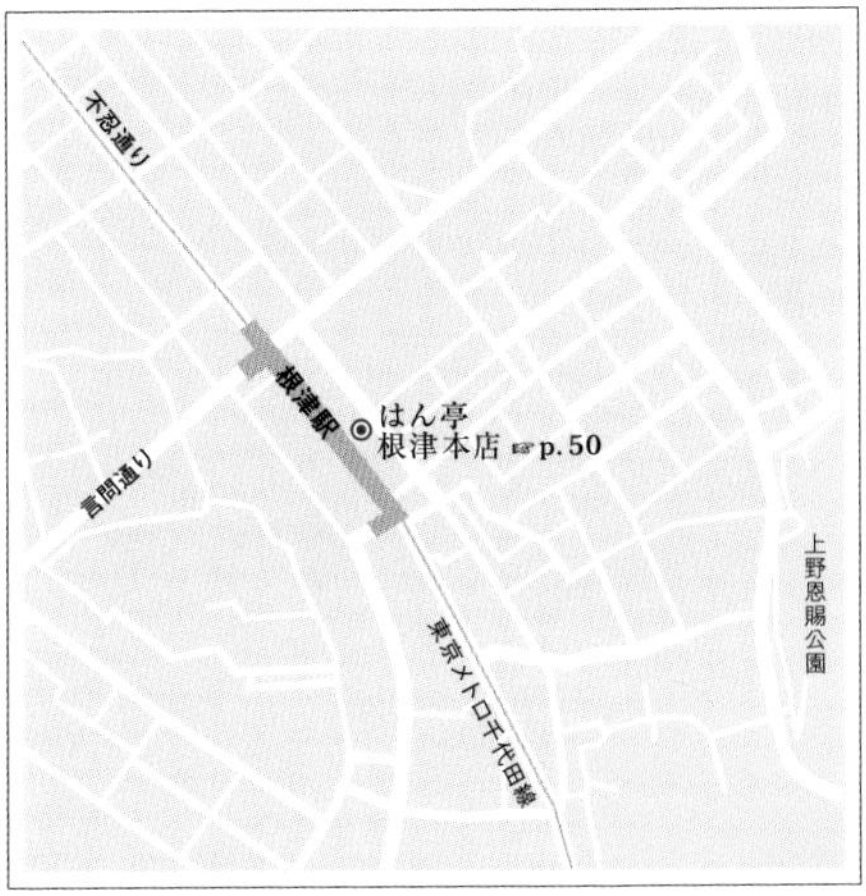

根津 1e

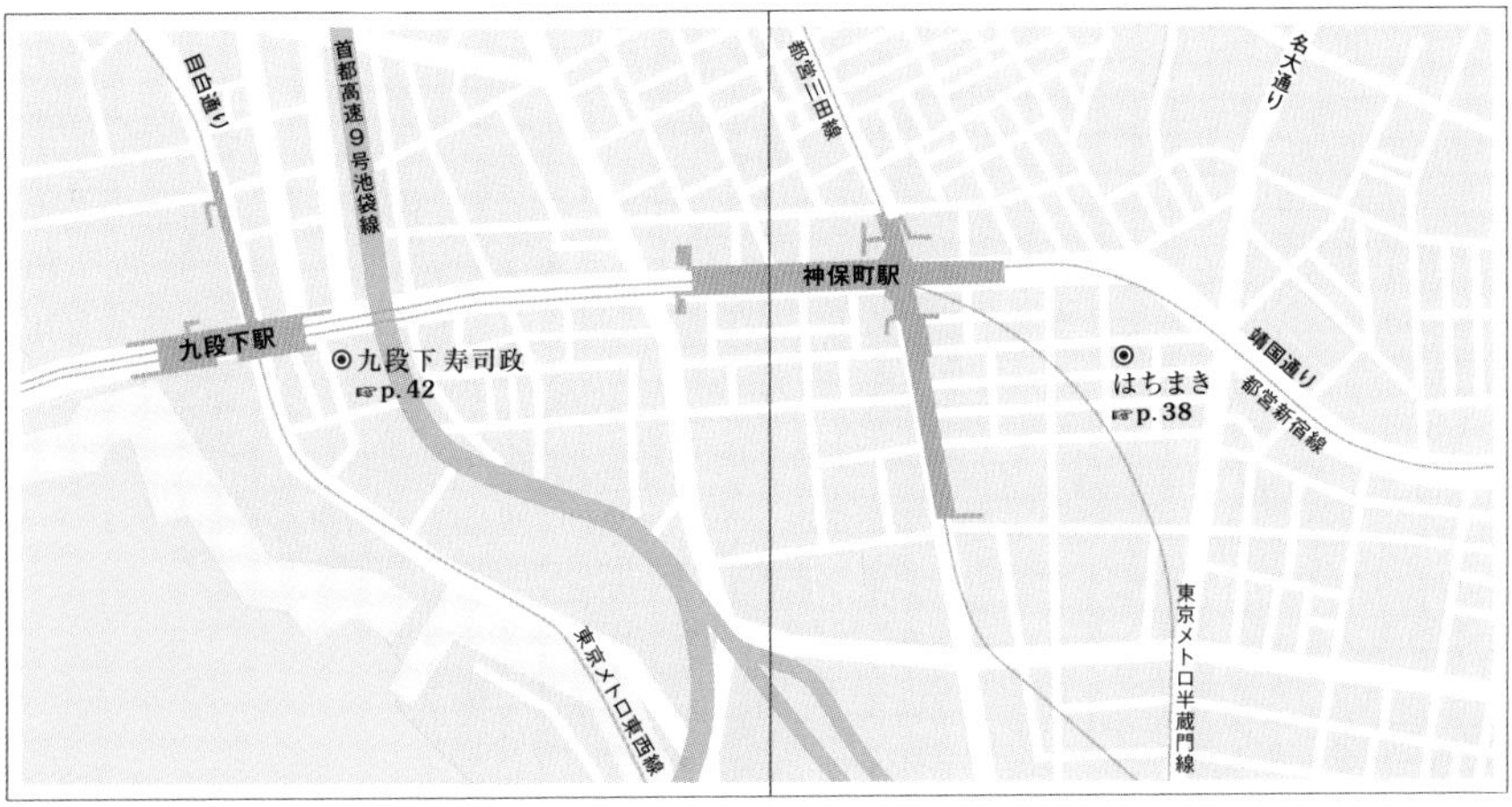

九段下 1c

神保町 1b

第2章 人形町・銀座・渋谷

人形町 2a

新橋、銀座 2b

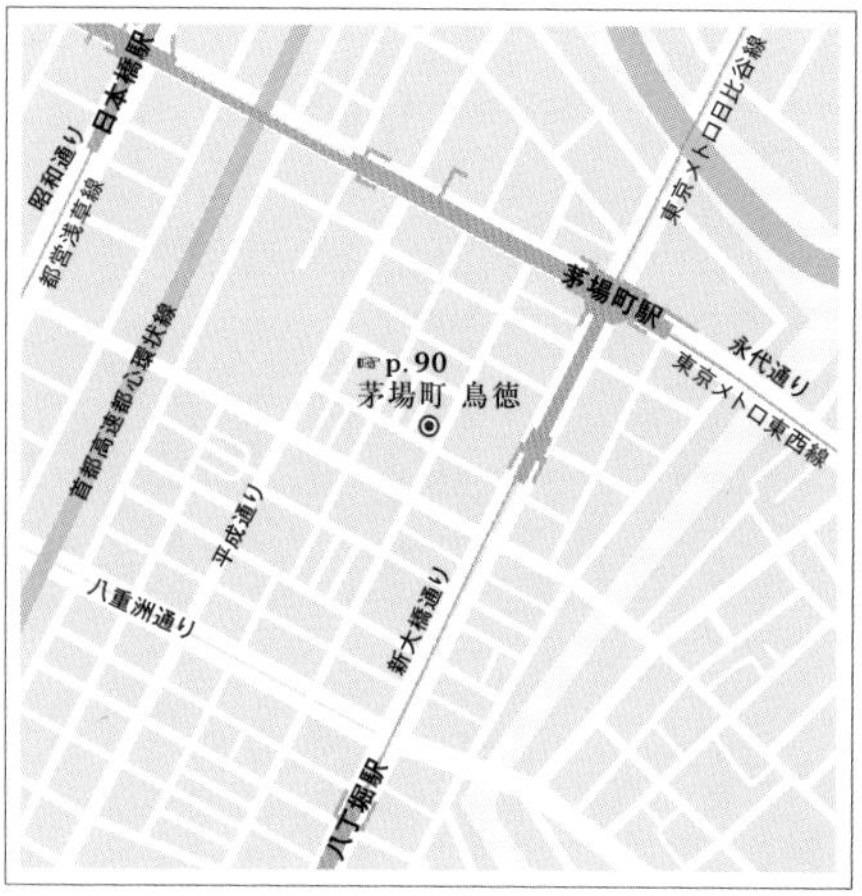

茅場町 2c

虎ノ門 2d

0 200m
3分

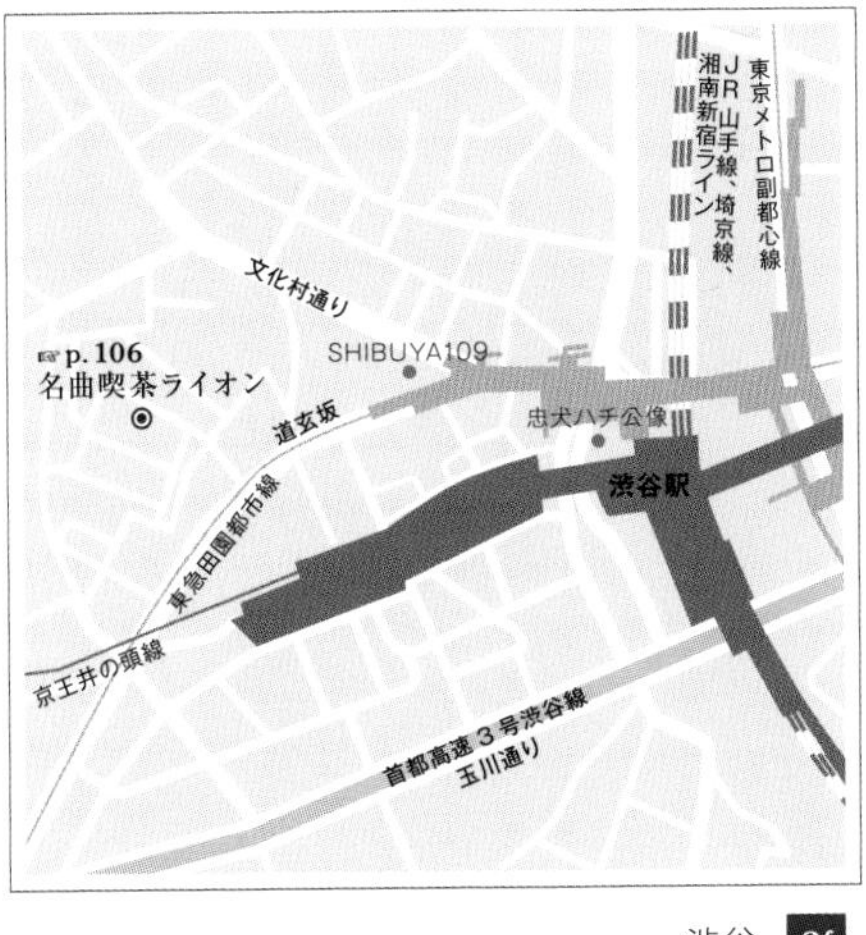

渋谷 2f

赤羽橋 2e

第3章

浅草・森下

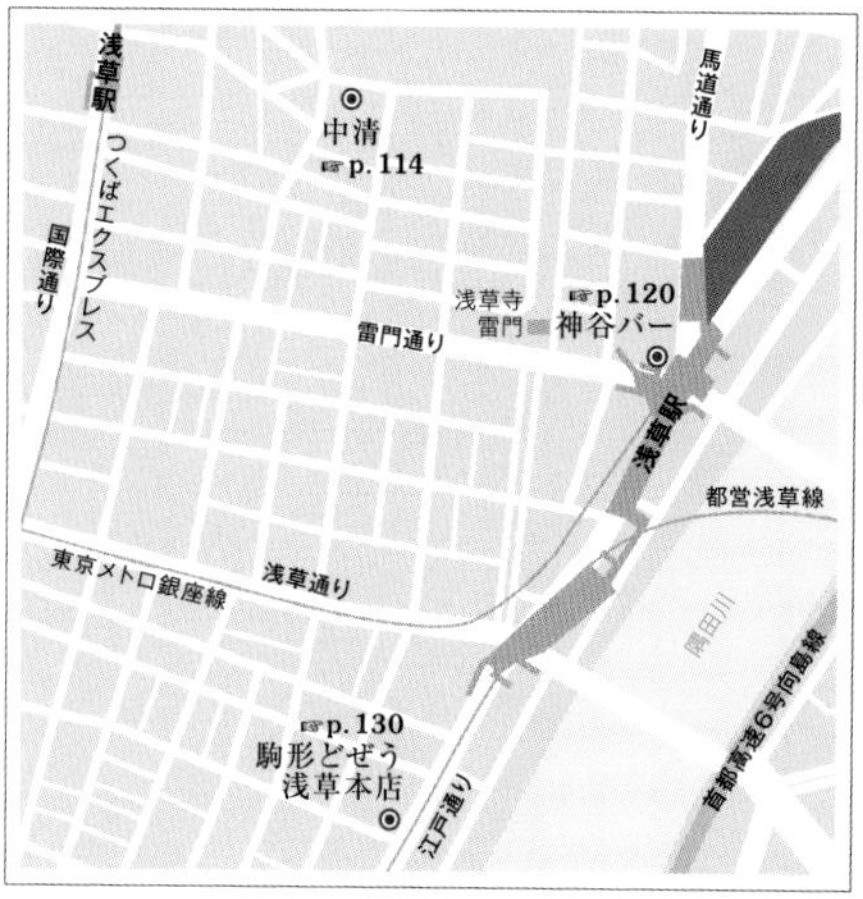

浅草 3a

森下 3b

三ノ輪 3c

表紙：虎ノ門大坂屋砂場
裏表紙：天野屋

撮影：金子怜史
デザイン：O design
印刷：株式会社ルナテック

0 200m
3分

第1章 神田・根津

1930年≫

竹むら

（神田）

そよぐ竹のごとく
軽やかに佇む

1〉入母屋造《いりもやづくり》の木造3階建は創業当時のまま。寺社建築によく見られる軒反《のきぞ》りが軽やかだ　2〉煤竹《すすだけ》の欄間、竹小舞《たけこまい》の下地《したじ》窓と竹づくしの小上がりには絞り丸太の柱も　3〉すりガラスと木枠の窓に、和風でありながらどこかモダンな雰囲気が漂う

7

6

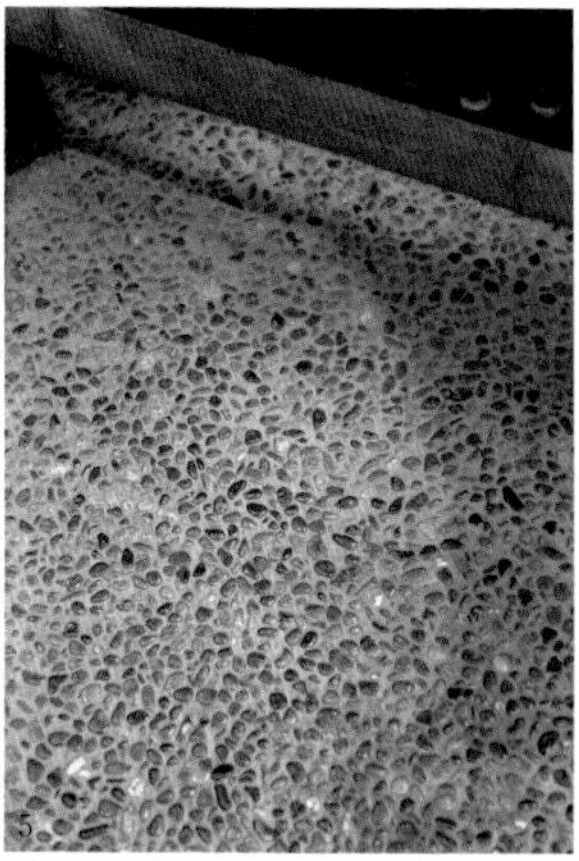

5

地下鉄淡路町駅から神田川にかけての界隈はかつて連雀町《れんじゃくちょう》と呼ばれ、東京屈指の繁華街でした。市電が走り、寄席や飲食店が軒を連ねるまちは関東大震災後に須田町・淡路町と名を変え、東京大空襲でも焼け残って、いくつもの古い建物を保っています。

そのうちの1軒、竹むらは1930（昭和5）年から続く甘味処です。引戸を開けて中へ入ると、こぢんまりとした外観からは想像できない広々とした空間。高い天井とたくさんの窓に囲まれ、光がたっぷり差し込みます。

「すくすく伸びるように」という創業者の思いが託された店名に違《たが》わず、竹の意匠が多用されています。欄間や小上がり部分にある下地《したじ》窓、手すりの彫刻と竹づくし。床や窓桟にも繊細な趣が感じられます。降りつもる時間がそのすべてを磨き上げ、「初めて来たのになつかしい」思いを誰の心にも起こさせるのでしょう。

作家・池波正太郎も贔屓《ひいき》にしていた竹むらには、店構えに惹かれて暖簾をくぐる若者から「女学校の頃とお店が変わっていない」と喜びを語るグループまで、世代を超えて多様な人々が訪れます。「ふだん甘いものを食べない方も『ちょっと入ってみようか』と来られたりします。建物の雰囲気も味わいたいと思っていただける、この店の価値はそこにもあるのでは」と三代目店主の堀田正昭さん。

「現代的なビル街に昔からの建物がポツンとある。そんな比較を楽しみながら、まち歩きされるのもよろしいかと思います」

4〉椅子席と小上がりのある1階はこだわりの意匠が満載の空間。高窓の多さも印象的　5〉足ざわりも心地良い豆砂利洗い出しの床は、渋い色調ながらよく見るとカラフル　6〉職人のこだわりが光る繊細な仕上がりの建具　7〉竹をモチーフにデザインされた引戸の桟　8〉束石《つかいし》に合わせて削った柱と土台。かつてはどこでも見られた大工の仕事だ

初めてなのになつかしい
降りつもる時間の魔法

9

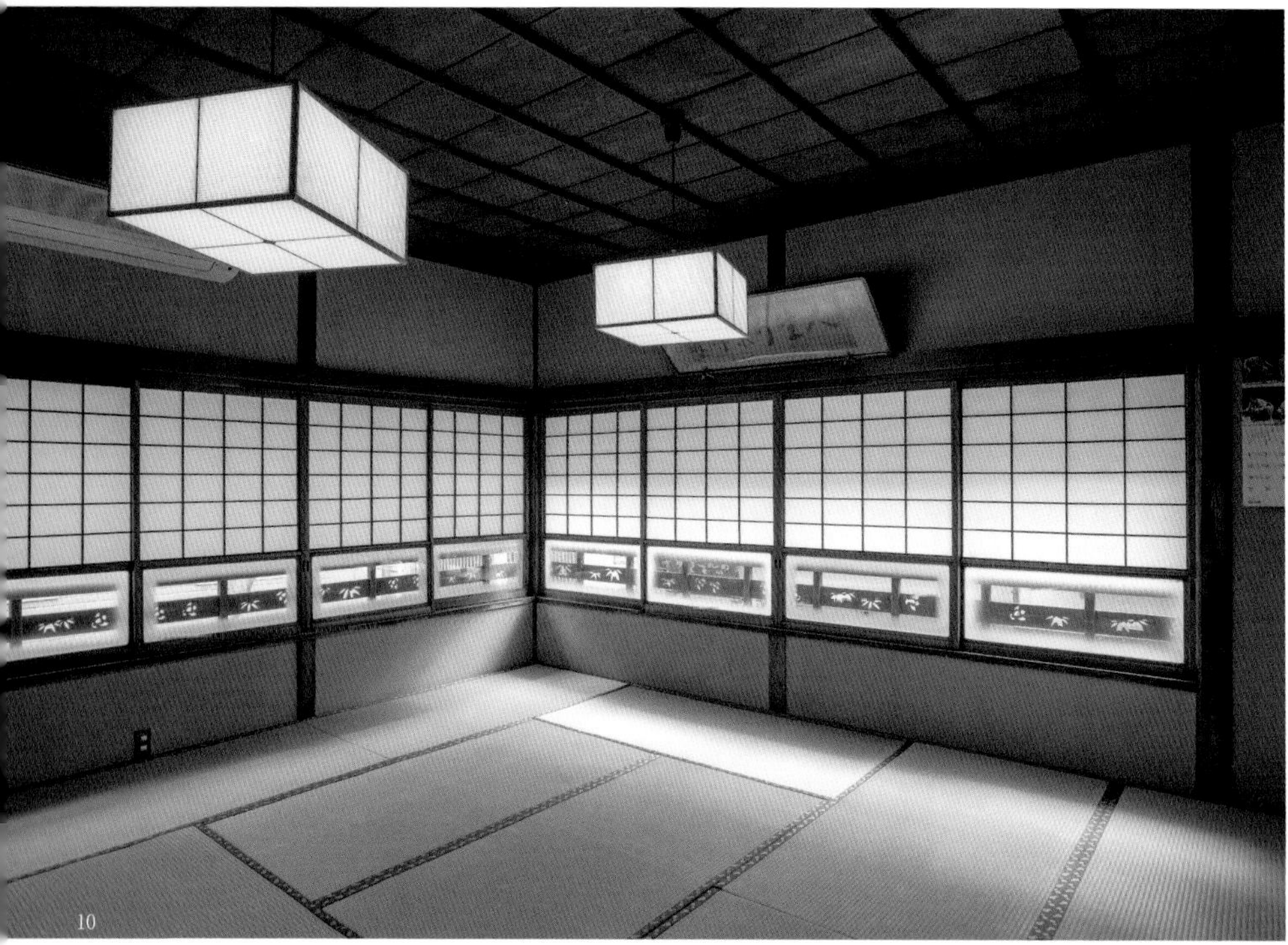
10

9〉「店は初代店主である父が近所の大工さんと建てました」と堀田さん。使い込まれた階段が客を2階へ誘う　10〉企業の会合などにも使われるという2階座敷　11〉味わい深く波を打つガラスごしに、手すりに彫られた竹が浮かび上がる　12〉竹と梅の彫刻が、白い障子を背景に道ゆく人の目をとらえる

住所：千代田区神田須田町1-19／
TEL：03-3251-2328／営：11:00–20:00（L.O.19:40）／
定休日：日・月・祝／予約：不可
access〉東京メトロ丸ノ内線「淡路町」駅より徒歩3分／都営地下鉄新宿線「小川町」駅、東京メトロ銀座線「神田」駅より徒歩4分／JR「神田」駅より徒歩8分

ぼたん（神田）

1897年

2

1

1〉籐むしろが敷き込まれた大広間は、長手の壁いっぱいに窓が並ぶ明るい空間　2〉漆喰壁と網代天井の小部屋。ちゃぶ台の天板の仕上げは根来《ねごろ》塗

広間も個室も籐むしろ
小さなちゃぶ台が愛らしい

１８９７（明治30）年から続く鳥すきやき専門店・ぼたん。入母屋造《いりもやづくり》の建物は１９２９（昭和４）年に建てられました。店名は牡丹の花からと思いきや、四代目の櫻井一雄さんは「実は洋服のボタンなんですよ」初代がハイカラ好みでね、と笑います。

内部は50人クラスの宴会ができる大広間から小ぶりの個室まで、どれも籐むしろの入れ込み座敷としてしつらえられています。かわいらしいちゃぶ台は備長炭を入れる鍋台とそこに載せる鉄鍋に合わせた寸法。常連客からは椅子席をとの声もありますが、櫻井さんは「生の炭火を使うので、高さのあるテーブルでは安全面からやはり…」ガス熱源が主流の現代でも「炭火でなければうちの魅力がなくなると思っています」

90年もの間、建物が守られてきたのもこの強い思いあってでしょう。凝り性だったという二代目が集めた銘木や粋な意匠が座敷にも廊下にもあふれ、東京都選定歴史的建造物にも指定されています。

反面、戦時中は空襲に備えて外壁材を変えたり、最近では職人さん不足で修繕が大変な漆喰壁を場所によってはクロス張りにしたりと柔軟な姿勢も。使い続けつつ、時代を超えて建築を維持する知恵と決断がそこにはありました。

通いでの勤務が当たり前の都内飲食店にあって、この界隈は昔ながらの住居を兼ねた店舗も多いといいます。ぼたんの3階も櫻井さんご一家の住まい。「古くても大事にして、このまま残したい。まさかビルにするんじゃないだろうね、なんて言ってくださるお客さまもおられるし、何より生まれ育ったところですから」

3〉竹や小径の丸太など数寄屋らしい材を使った、廊下の竿縁天井　4〉ふたつの建物を中央の玄関がつなぐ。雨に強いマキを立てた門にモミジの枝が伸びている

5

こだわりの意匠を守りつつ 時代に合わせ柔軟に変化する

5〉玄関ではモミジの上がり框《かまち》が圧倒的な迫力で来訪者を迎える。正面の坪庭には築山《つきやま》と池　6〉座敷の窓辺では桁丸太や面皮柱などさりげなく凝った意匠が目を引く　7〉皮付桜材の床柱。これ以外にもあちこちに銘木が見られる　8〉広間は建具で仕切って使えるように、ふたつの床の間が並んでいる　9〉仕上げの違う外壁が歴史を語る。もとはすべて下見板張《したみいたばり》+漆喰壁だったが、戦時中に手前をモルタル塗りに　10〉定番の丸窓にひと工夫。梅のかたちが風情とめでたさを醸し出す　11・12〉ふたつ重なった笠の家紋は、鬼瓦のほか欄間のモチーフにもなっている

5

6

7

11

9

12

10

住所：千代田区神田須田町1-15
TEL：03-3251-0577／営：11:30–21:00（最終入店時間20:00）／
定休日：日・祝／予約：可（4名様～）
access〉東京メトロ丸ノ内線「淡路町」駅より徒歩2分／都営地下鉄新宿線「小川町」駅より徒歩2分／東京メトロ銀座線「神田」駅より徒歩5分／JR「神田」駅・「秋葉原」駅・「御茶ノ水」駅より徒歩7分

1884年≫

神田まつや本店

（神田）

行灯《あんどん》と蕎麦の香りが東京の夜を温める

17世紀後半、小さな屋台で夜の江戸市街を売り歩いた『夜鷹《よたか》蕎麦』が東京の蕎麦屋のルーツといわれています。宵闇に白く浮かぶまつやの灯に、数百年前へタイムスリップした気分になりました。

「行灯《あんどん》は店の象徴ですね。今はなんでも普通の看板になっちゃうでしょ？　やっぱり、中に灯りが入るのがいい」と話すのは四代目当主の小髙孝之さん。現在の建物は関東大震災後の大正末期から昭和にかかる１９２６年頃建てられました。当時のモダンなデザインを各所に取り入れ、入口上部の松をかたどった窓には色ガラスがはめこまれていたといいます。

内部は洗い出しの土間にテーブル席が並び、その奥に打ち場と厨房。壁にかかる木鉢は、蕎麦の原点を忘れまいとする老舗の心意気そのものでしょう。天井には、これも行灯風の大きな照明。穏やかに落ちる光が椅子の座面と漆喰壁の麦藁色、卓子や椅子脚部の深い褐色をまとめあげ、シンプルで温かみある独特の雰囲気をつくっています。

ここに座っている感覚が大好きという小髙さんは、店内の喧騒や相席がお客さまに申し訳ないと言いつつも「老若男女、隣り合わせた見知らぬ同士がいつのまにか楽しそうに一緒に飲んでいるんです。ここはそんな不思議な空間。天井が高くて開放感があるからかな？」数十年もの間、大衆を受け入れてきた場が持つ力を思いました。

2

3

4

5

6

8

7

1〉ビルに挟まれた出桁造《だしげたづくり》のまつやは、乳白色のぼんぼりのように東京の夜をやさしく照らす　2〉墨文字鮮やかな行灯《あんどん》は店内に通じ、内側の専用扉を開けて灯りを入れる　3〉デザインを変えず数年ごとに取り替える提灯は、揺れて傷まないよう上下をビス留めされている　4〉格天井《ごうてんじょう》からせり出す行灯風照明にも格子の意匠が施されている　5〉壁は漆喰。定期的な塗り直しが必要で手間がかかるが「壁紙にする気はありません。似て非なるものだから」 6〉太藺《ふとい》を使った『ラッシ編み』で座面を張った椅子。ラッシ編みはペーパーコードとも呼ばれる高度な技法　7〉店内を彩っていたステンドグラスは、一部が割れたのを機に一般のガラスに。「同じものはもう手に入らなかった」と小髙さん　8〉トチノキを削った大きな木鉢は二代目当主が掲げたもの。「蕎麦屋はもっと勉強しないと」と語り、老舗同士の学び合いだけでなく若い新規開業者とも交流を深める小髙さんの原点だ　9〉厨房側から見る店内。作家・池波正太郎もここを愛し、下駄を引っかけてしばしば来店した

9

住所：千代田区神田須田町1-13／TEL：03-3251-1556／営：［月～金］11:00–20:00（L.O.19:45）、［土・祝］11:00–19:00（L.O.18:45）／定休日：日／予約：原則不可（日時によっては可能な場合あり。その際にはTEL）
access〉東京メトロ丸ノ内線「淡路町」駅より徒歩２分／都営地下鉄新宿線「小川町」駅より徒歩３分／東京メトロ銀座線「神田」駅より徒歩４分／JR「神田」駅より徒歩７分

1830年≫ いせ源 本館（神田）

千客万来の入母屋造《いりもやづくり》に
神田っ子の心意気が満載

1

2

4

1〉木造2階建入母屋造《いりもやづくり》は角地に建ち、街並みを引き締めている　2〉本格的な床の間と窓の外の粋な簾が同居する座敷　3〉船食虫があけたたくさんの穴がある扁額。現代のトンネル工事で使われている『シールド工法』は、船食虫のこの習性をヒントにフランス人技術者M.I.ブルネルが発明した　4〉漆をかけた曲がり木の窓枠が数寄屋の味わいを添える

3

あんこう鍋の名店・いせ源は天保年間創業です。１８７９（明治12）年に京橋から神田に移転し、関東大震災で被災した数年後に再建。東京都選定歴史的建造物としてその姿をとどめています。

暖簾の上部にかかる〝千客万来〟の扁《へん》額には無数の穴があいており、七代目当主の立川博之さんいわく「船食虫《ふなくいむし》という貝の仲間によるものです。たくさんの方に来て食べてほしいとの願いをこめて、四代目が看板にしたらしいんですよ」

この店舗の建て主もその四代目、立川政蔵さんです。浅草の大工さんと一緒に１９３０（昭和５）年に建てました。内部には曲がり木を使った窓や常連だった文人墨客の作品、本格的な床脇《とこわき》など、神田っ子の粋や意地を感じるディテールがあちこちに。その一方で白い座布団が並ぶ入れ込み空間には不思議なつかしさが満ちています。「昔ながらの雰囲気を楽しんでもらえたらと思っています」

古い建物が大好きという立川さんは、照明を蛍光灯から電球色のＬＥＤに換えたり、入口脇に木製の犬矢来《いぬやらい》を立ててガス管や室外機を隠すなど、歳月を重ねた木造建築を美しく見せる工夫やメンテに余念がありません。

「この建物だから来てくださる方も多いはず。あんこう鍋も空間も昔から変わらない味わいを提供していきたい」と立川さん。「急な階段や隙間風も建物の個性と捉えてもらえたら、うれしいですね」

5〉仕切りのない入れ込み座敷は江戸の食文化を象徴する空間だ

9

6

7

8

文化人も愛した曽祖父の粋と意地
大事に手をかけ未来へ伝える

6〉常連だった中川一政が題字を、同じく常連の木村荘八が絵を描き、店に贈った作品　7〉何度も塗り直し大切に使われてきた輪島塗の卓子　8〉格天井《こうてんじょう》の材に酒樽を取り入れた珍しい意匠と神棚が呼応する　9〉四代目の功績を称え、銅製の雨樋には名前の一字をあしらった　10〉重厚感に満ちた玄関。「四代目がいた頃は“聖域”で近寄れなかった」と立川さんが回想する帳場に、この日は座っていただいた

10

住所：千代田区神田須田町1-11-1 ／ TEL：03-3251-1229
営：11:30–14:00（L.O.13:30）、17:00–22:00（L.O.21:00）（土・日・祝は通し営業）／定休日：なし（4～10月の土・日・祝、年末年始は休み）／予約：可（夏場4～10月末迄は4名様、冬場11～翌3月末迄は6名様より個室の予約可）
access〉東京メトロ丸の内線「淡路町」駅・銀座線「神田」駅より徒歩2分／JR「秋葉原」駅・「神田」駅より徒歩5分／ JR「御茶ノ水」駅より徒歩6分

1905年≫

みますや

（神田）

同じ場所と屋号で一世紀
日本最古といわれる居酒屋

1

2

3

4

5

1〉壁を共有し３軒が一体となった建物。手前に並ぶ鉢植えの緑が東京の下町らしい　２〉２階窓の手すりを支える金具の意匠に大正期のモダンな感覚が　3〉銅板の壁に見える“す”の字は、大空襲でも焼け落ちなかった証だ　4〉入ってすぐの土間は1928（昭和3）年から残るメイン空間　5〉玄関引戸のすりガラスは、同様のデザインがもう手に入らない

ビルの谷間に３つの町家。中央は見事な緑青《ろくしょう》をふく銅板張り、両脇にはよく似た意匠のモルタル塗りが壁を共有して一体化しています。〝看板建築〟とも呼ばれるみますやのファサードは、関東大震災を乗り越えて復興に向かう東京の往時の街並みがここにだけ、変わらず現役でいるようです。

「東京大空襲のときは、ご近所さんたちがバケツリレーして火事を消し止めてくれたそうです」と三代目の岡田勝孝さん。１９０５(明治38)年以来、百年を超える歳月を同じ場所同じ屋号で営業し、人々に愛され守られてきたこの建物を「私の目の黒いうちはここで店を続けますよ」

みますやの歴史は増改築の歴史でもあります。小さな木造建築ひとつで創業し、大震災後に銅板張りの看板建築で再建。その後の昭和30年代、裏庭にＲＣの建物を増築しさらに前面の両脇の建物を買い足して現在の姿になったのです。

時間とともに出てくる傷みにも耐えてきました。客席の柱に残る縄目跡は、腐ってしまった土台を交換するために建物ごと持ち上げた大工事の記憶です。入手困難な古いすりガラスが割れた時のために、使わなくなった建具を今も保存しているとのこと。「もののない時代から続くお店で、あるものを大事に使っていく。それがポリシーでしょうか」

日本最古とも言われる居酒屋はそんな〝時の重み〟も見せず、今日も変わらぬ賑わいで人々を温かく迎えています。

7

8

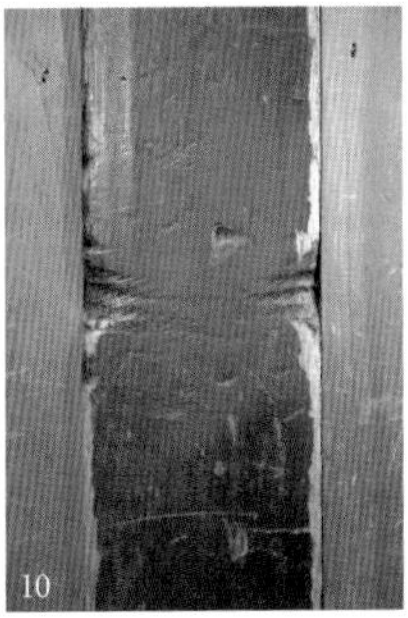
10

9

6

6〉内部は増築した分、懐が深い。テーブル席と小上がりの間を抜けて奥の厨房や座敷へと続く　7〉コンクリートの存在感が際立つ、店内中央の柱　8〉「木場の職人に笑われないように」とすべての家具であつらえを貫く。厨房前には一本のヒノキからつくられた美しい杢《もく》のあるテーブル　9〉小上がり下部はもとは防空壕だった。戦後は埋めたり収納としても使用　10〉柱に残る縄目跡。建物ごと移動させる曳家《ひきや》の技術は文化財保護の面などでも欠かせない

住所：千代田区神田司町2-15-2 ／ TEL:03-3294-5433
営：[平日] 11:30–13:30 17:00–23:00（L.O.22:15）
[土] 17:00–22:00（L.O.21:15）／定休日：日・祝／予約：可
access〉JR「神田」駅から8分／東京メトロ丸の内線「淡路町」駅、都営地下鉄新宿線「小川町」駅より4分

1931年≫ はちまき（神田神保町）

スクラッチタイルが古書店街によく似合う

3

4

2

1〉白い暖簾と漆喰壁の1階と象牙色のタイルを張った2階が絶妙な取り合わせを見せるファサード　2〉建物は奥に長く、裏の路地まで続いている。1階には別店舗も　3〉櫛で引っ掻いたような意匠のスクラッチタイルは、当時人気の外壁材だった　4〉入口脇の木箱が店の歴史を伝える。きれいに洗われたケヤキ材の看板も創業当時のもの

5

6

乱歩ご贔屓の名店は時を戻し、昔の姿へ

世界一の古書店街・神田神保町。林立する書店の間で、1931(昭和6)年創業のはちまきは静かに佇んでいます。

関東大震災で全焼したのち、ここには長屋形式の小さな店舗群がいち早く建ち並びました。はちまきもその一軒で、木造建築の防火のため当時盛んだった〝看板建築〟のスタイルを取り入れ、正面の外壁にスクラッチタイルを張ったといいます。

土地柄、作家や演劇界に身を置く人々も多く訪れてきたお店です。店内には常連だった江戸川乱歩直筆の色紙が飾られ、文化人らの集まりがモノクロ写真で残されているのも老舗ならではでしょう。

「今は店を昔に戻している最中なんです」と三代目当主の青木昌宏さんは話します。バブルの時期には売却話が次々と舞い込みました。それを難なくかわした先代も、入口を洋風の扉にしたり傷んだ網代《あじろ》天井をビニルクロスに替えるなど、時代の雰囲気を反映して変更した部分も多くありました。

青木さんは扉を縦桟の引戸に、照明は蛍光灯からレトロな白熱灯に交換し、かつて父が配達で使った年代物の木箱を入口に飾りました。今後も「徐々に直していきたい」と意気込みます。

建物正面左手には太い排気ダクトが通り、長屋だった竣工当時が偲ばれるようです。「今建てたら、正面にダクトなんてつけられませんよ」と青木さん。「天麩羅や鰻は煙も匂いも油も出るのでクレームはあります。でも『ごま油の匂いで入ってきたよ』と言ってくださるお客さまもおられますから」と目を細めました。

7

8

5〉漆喰壁は色にこだわり、左官職人を連れて他店まで見に行ったという　6〉東京に1軒残る、乳白ガラスを使った照明器具メーカーのペンダントライトが青木さんのお気に入りだ　7〉はちまきに集った作家たちの記念写真。江戸川乱歩の右隣に青木さんの祖父である初代が写る　8〉昔ながらの天麩羅店らしい、対面型カウンターの店内　9〉装飾窓の材は竹、デザインはレトロモダン

9

住所：千代田区神田神保町1-19／TEL：050-3313-0637
営：[火～金] 11:00-21:00(L.O.21:00)、[土・日・祝] 11:00-20:30(L.O.20:00)
定休日：月／予約：可
access〉都営地下鉄三田線・新宿線、東京メトロ半蔵門線「神保町」駅より徒歩2分／JR「御茶ノ水」駅より徒歩5分

1861年》

九段下　寿司政

（九段下）

1

東京の真ん中に建つ
戦前の長屋建築

1〉正面は銅板張り、かつて隣と共有していた脇の壁はトタン張り　2〉1階は間口二間ほどのかわいらしい空間だ　3〉座敷『桜』。窓から千鳥ヶ淵の桜が見えることから命名された　4〉洗い出しの入口は、無数の靴や草履に踏まれ表面がすっかりなめらかに

解体間近
されど老舗の魂は消えず

5

6

7

8

西に皇居をのぞみ東に日本橋川が流れる、東京の中の東京ともいえるエリアに、奇跡のように数軒の長屋建築が残っています。

端部を締める銅板張りの3階建が寿司政。約１６０年前にあたる文久元年創業で、この地に店を構えたのは１９２４年です。三代目の戸張政次郎・百合さん夫婦は２・３階部分に住み暮らし、現代まで伝わる独自の味を完成させました。当時の商家らしい職住一体です。五代目の戸張正大さんは「子どもの頃はよく泊まりにきていました」と振り返りました。

1階は船底天井にヒノキ材のカウンターとテーブルがあるこぢんまりとした空間です。白いカバーのかかる椅子のうち、一番奥のカウンター席は作家・山口瞳の指定席。元は住居だった2階も40年前に2間の座敷席に変えました。漆喰壁や天井は何度か直したものの、柱には手をつけていないといいます。深い飴色になった木肌に、店と家族の暮らしを支えてきた時間を思いました。

実はこの建物は解体が決まっており「再開発計画が進んでいて、あと数年でビルが建つんです」と戸張さん。超一等地の半ば宿命とはいえ、土地の歴史を語る存在がまたひとつ失われる寂しさがよぎりました。

「でも、このすぐ近くにまた建てますよ。寿司政は九段下のここにあるから皆さん来てくださるのですから。ビルのテナントには入りません、地下の店舗では何かが変わってしまうので」

その明るい声は、次の百年を確かに見据えていました。

住所：千代田区九段南1-4-4 ／ TEL：03-3261-0621
営：［月～金］11:30-14:00（L.O.13:30）、17:30-23:00（L.O.22:30）、［土・日・祝］11:30-14:00（L.O.13:30）、17:00-21:00（L.O.20:30）／定休日：なし
予約：可（TELまたはHP）
access〉東京メトロ東西線・半蔵門線、都営地下鉄新宿線「九段下」駅より徒歩1分

9

10

5〉作家・山口瞳はこの席で女将の百合さんともよく話したという　6〉座敷『百合』に床の間はもともとなく、隣家の解体後に外に張り出して作ったという。建物の変遷として興味深い　7〉回り縁には桜の皮付丸太が使われている　8〉夫亡き後その味を引き継いだ三代目女将・百合さんの頃から掛かるおかめの面　9〉緑青の深い色に歳月がにじむ。剥がれたら新しい銅板で補修する程度で、とくに手は加えていない　10〉東京の幹線道・靖国通りを一歩入るとこの風景が

天野屋（神田）

１８４６年≫

〝神田明神前の甘酒屋さん〟といえば、ご存知の方も多いのではないでしょうか。天野屋は１８４６（弘化３）年創業。地下６メートルに明治時代から続く土室《つちむろ》を持ち、ここでつくる自家製の麹で納豆や甘酒を製造しています。

『明神甘酒』の暖簾をくぐった喫茶部店内には木製テーブルや骨董品が並び、隣り合う庭からは自然光も入ります。「テーブルは喫茶部創設当時からのものです」と六代目当主の天野博光さん。自身のコレクションである骨董のやきものや数々のアンティークを展示し、タイムスリップしたかのような空間を創り出しています。

神田明神の鳥居足下にある現在の天野屋は、東京大空襲でこの一帯が焼けた後すぐ建て直したものです。右手に販売部、左奥に喫茶部入口のあるこの建物は、天野さんいわく「景観を担う存在」。２本の道路に挟まれて正面を含む三方から見えるため、責任ある維持を続けているといいます。さらに「建て替えようとしても土室があるのでＲＣ建築用の杭が打てない。木造のまま直し直しやっていきますよ」

鳥居の右脇には８階建のオフィスビル

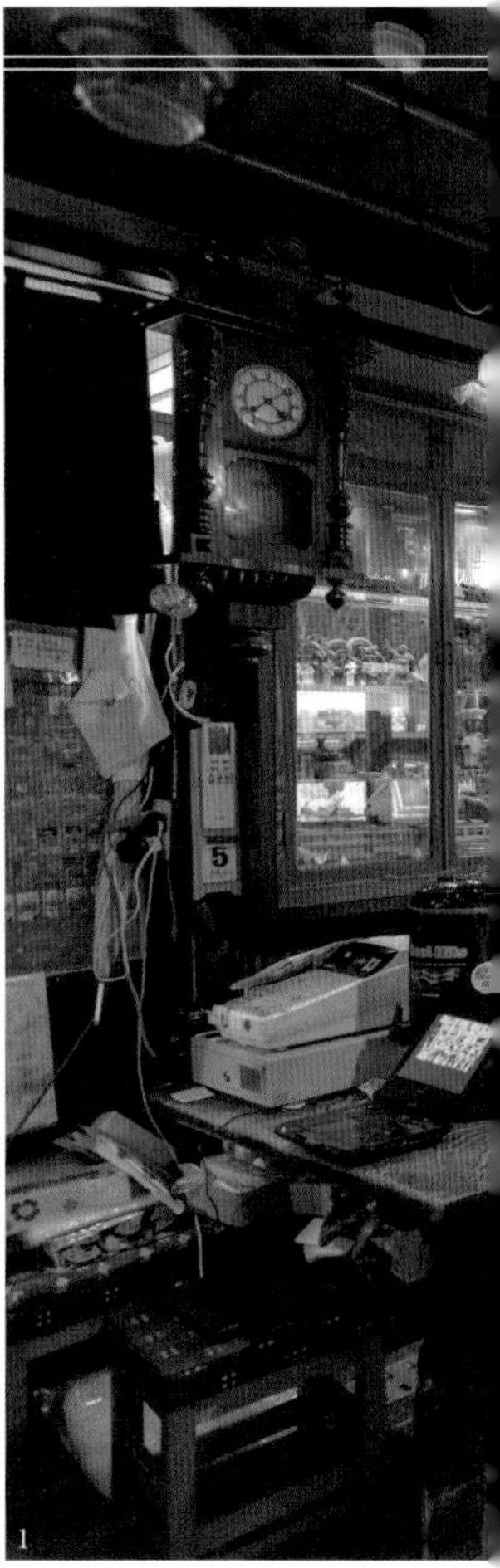

が立っています。そして反対側には瓦屋根と白壁の天野屋。峠の茶屋のように低く小さな建築があることでビルの谷間に大きな空間が保たれ、江戸総鎮守の格式を持つこの神社にふさわしい特異な景観がつくられているのです。

一歩入れば別世界
和洋の骨董あふれる店内

1〉意図的に照明を落とし気味にした喫茶部店内　2〉アンティークに挟まれた“芝崎なっとうめしませ 甘酒も”の古い看板が　3〉杉のテーブルは木目の手触りで長い時を語る　4〉マニア垂涎の鉄道模型も展示　5〉繊細な照明はエジソン電球に大正期のランプシェードを合わせたもの

6〉右に販売部、左に喫茶部入口のある正面。製品は奥に見える2階建で製造　7〉店頭を飾る神輿には彫金《ちょうきん》から組紐まで江戸の職人技が光る。150周年時に先代が寄贈　8〉喫茶部入口は松・竹・梅の植栽と飛び石をあしらい、茶庭の雰囲気　9〉参道側の販売部入口。道から一段下げているため「雨水の処理が大変」　10〉空襲の跡を残す石でしつらえた庭は涼やかだ

江戸総鎮守の格式を支えて佇む

住所：千代田区外神田2-18-15／TEL：03-3251-7911
営：［月～土］10:00-17:30、［日・祝］10:00-17:00
定休日：4月第1週～12月第1週の各日曜、海の日、8/10-17、臨時休業あり／予約：不可
access〉東京メトロ千代田線「新御茶ノ水」駅より徒歩5分、東京メトロ銀座線「末広町」駅より徒歩8分／JR「御茶ノ水」駅より徒歩5分

どっしり構えた総ケヤキ造が圧巻

1

2

1〉百年を数えるケヤキ材押縁《おしぶち》下《した》見《み》板張《いたばり》の外壁　2〉買い取った当初は創業者家族も住み、職住一体だったという
3〉威風堂々とした姿は根津のランドマーク

3

1976年

はん亭
根津本店

（根津）

4

路地の角にそびえる総ケヤキ造の3階建。根津エリアのシンボルとして知られるはん亭の威容です。「もともとは爪皮《つまかわ》屋で、創業者が買い取った時は運送会社の独身寮として使われていたそうです」と店長の阿部金俊さん。竣工は1914〜1919(大正3〜8)年頃といい、国の有形文化財に登録されています。

串揚を出す店舗は3棟の建物をつないで構成され、路地側から不忍通り方向に延びています。店内へ一歩入ると土蔵が建っていてびっくり。店舗竣工よりさらに古い明治時代から敷地内にあったそうです。外蔵《そとぐら》でしたが店内に取り込み、お客さまを迎える個室になりました。2階に上がると路地側に座敷、蔵を挟んで表通りに面する建物にはレトロなイメージの椅子席が設けられています。

椅子席のある棟を外から見ると、もうひとつ驚きの光景に出合います。屋根から足元まですっぱりと切り落とされ、その切断面がガラスと〝鉄の矢来《やらい》〟で覆われているのです。不忍通りの拡張工事によって減築を余儀なくされた結果でした。

しかし創業者はそれを逆手にとり、建物の記憶をポジティブなかたちで後世に残そうと、こんな思い切った選択をしたといいます。「歴史ある建物を引き継いだ以上、残すべきものは残していかなければならない。それがオーナーの思いなのです」

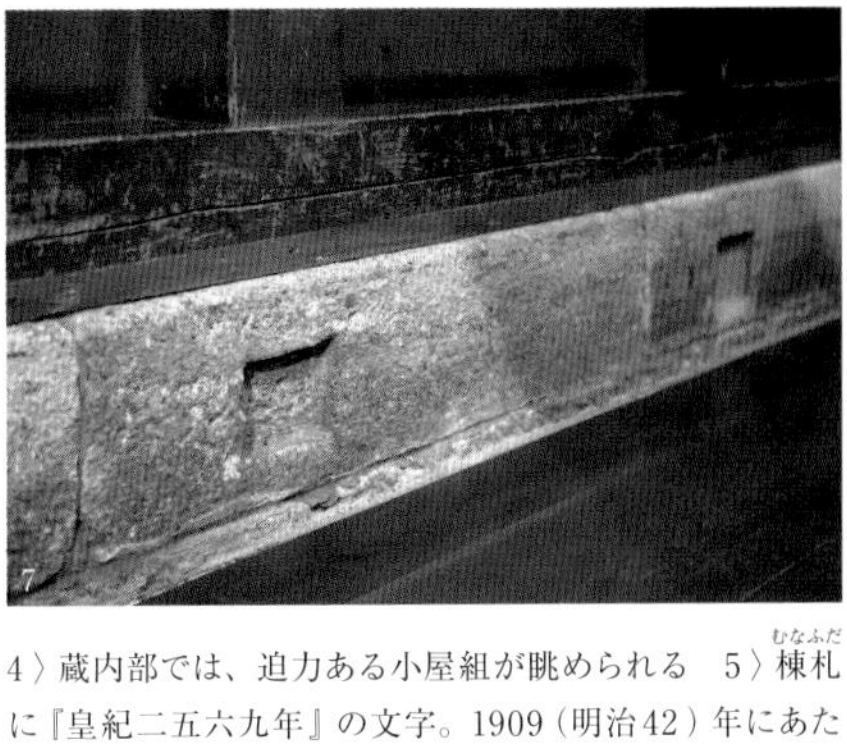

4〉蔵内部では、迫力ある小屋組が眺められる　5〉棟札《むなふだ》に『皇紀二五六九年』の文字。1909(明治42)年にあたる　6〉1階テーブル席の脇にまるごとの土蔵　7〉土台もそのまま内装デザインに生かされた

8

過去と現在をつなぐ
異形の誇り

9

12

11

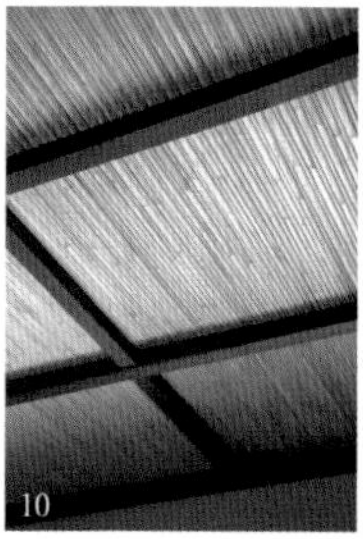
10

住所：文京区根津2-12-15／TEL：03-3828-1440
営：11:30–15:00（L.O.14:00）、17:00–23:00（L.O.22:00）
定休日：月／予約：可（TELまたはHP）
access〉東京メトロ千代田線「根津」駅より徒歩2分

8〉不忍通りから見たはん亭　9〉減築した姿を目に見える形で残し、過去と現在とをつなぐ　10〉格天井《ごうてんじょう》風のすのこ天井　11〉2階椅子席は漆塗りの家具で大正モダンの雰囲気　12〉2階の座敷は情緒ある籐むしろの入れ込み

【いろんな庭、植栽】

イ. ぼたん
ロ. 中清
ハ. 虎ノ門大坂屋砂場
ニ. 天野屋
ホ. 竹葉亭

イ

ニ

ロ

ホ

ハ

【いろんな照明】

イ. ビヤホールライオン 銀座七丁目店
ロ. 神田まつや 本店
ハ. 人形町今半 人形町本店
ニ. 天野屋
ホ. 名曲喫茶ライオン

イ

ニ

ロ

ホ

ハ

リ

ヘ

ト

ル

ヌ

チ

ヘ. 野田岩 麻布飯倉本店
ト・チ. 竹葉亭
リ. すき焼割烹日山
ヌ. はん亭 根津本店
ル. はちまき

第2章 人形町・銀座・渋谷

1895年≫

人形町今半 人形町本店

（人形町）

ベンガラ色の建物は江戸の芝居小屋がルーツ

1〉壁の赤、瓦と格子の黒、暖簾の純白と粋な配色が光るファサード　2〉芝居小屋をルーツとする独特の建物外観。もとの壁は黄聚楽《きじゅらく》だったという

6

3

7

4

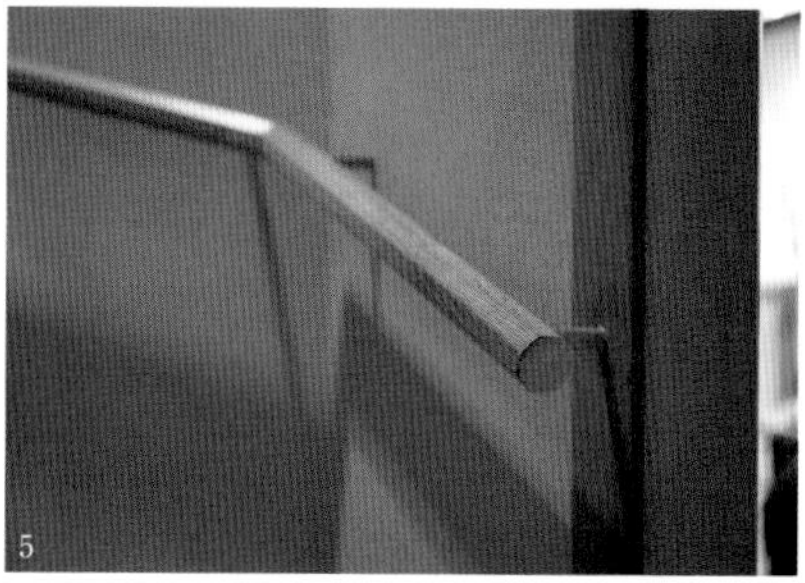

5

歌舞伎・人形浄瑠璃・曲芸と娯楽の粋を集め、芝居見物にかけては江戸屈指の賑わいを誇った人形町。明治に入ると今度は花街として栄え、粋でいなせな気風は今もこのまちのアイデンティティです。

ベンガラ色の外壁が目を引く今半は、大正時代の芝居小屋『喜扇亭《きせんてい》』がその前身。震災や大空襲で被害を受けても解体せず、銘木を駆使しながら直し続けて現在に至ります。代表取締役副社長の高岡哲郎さんは、改修のツボを〝軽さ〟と表

3〉柴垣や竹垣をめぐらせた石張りの露地を歩んで1階の空間へ　4〉露地と個室を隔てる軽やかな簾戸《すど》には家紋である桐が彫られている　5〉建物創建時から残るという六角形の手すり　6〉2階の窓と路地はほどよい距離感　7〉現代のニーズに合わせ椅子座も用意。元々窓があった部屋の角は耐震のため壁に変更　8〉内と外をつなぐ窓。座敷の賑わいが外に漏れ、まちの雑踏が入り込む

窓越しに溶け合う
内と外のざわめき

現しました。「大正期の建物は威圧感がないのが特徴。まちに馴染み、まちに近い上質な軽さを大事にしています」

2階の窓が象徴的ですよ、と髙岡さん。「手すりに寄りかかったお客さまが、路地を歩く新内流《しんないなが》しに向かって『頼むよ』と声をかけている…そんな雰囲気があるでしょう？」すき焼き鍋を囲む座敷のざわめきと歓楽街の雑踏、内と外とを瞬時につなげる絶妙な〝間〟と江戸の情緒を残したい…そんな心が伝わってきます。

店内は1階に石張りの露地と点在する個室、2階に大小の座敷が連なります。格天井や床の間、書画など本格的な和のしつらえながらどこか力の抜けた気軽さも。『家族のハレの日の食卓に選ばれる店に』との思いがそう感じさせるのでしょう。「ここはお客さまの思い出につながる建物。いつまでも変わることなく、時間という資産で磨き続けていかなければならないのです」

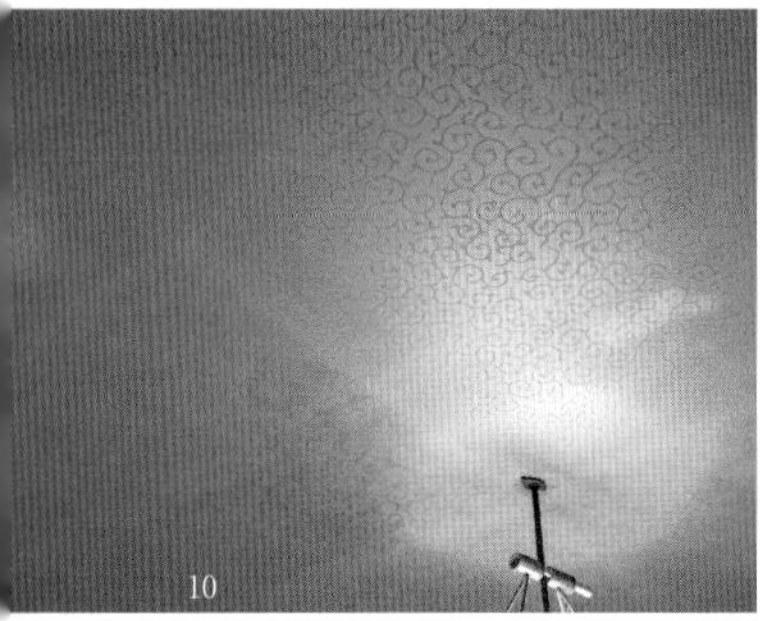

大正の香りは豪奢にして軽やか

9〉軽みのある床の間と掘りごたつでくつろぎを演出する　10〉唐草模様の天井は京都の老舗唐紙店に注文したオリジナル　11〉ふすま絵は大正から昭和にかけて活躍した京友禅の絵師の作品　12〉格天井は照明を兼ねている。床の間の軸は書家だった前女将の作品　13〉名優・長谷川一夫が明治座の舞台後によく訪れて座った床の間。絞り丸太の太い床柱が豪壮だ　14〉待合は茶室を彷彿とさせるしつらえ　15〉折れば床座になるテーブルの脚には、現代のものと感じさせない意匠の蝶番《ちょうつがい》

12

13

14

15

住所：中央区日本橋人形町2-9-12／
TEL：03-3666-7006／営：11:00-22:00（L.O.21:00、平日15:00-17:00準備中）／定休日：大晦日・元日／
予約：可（HPまたはTEL）
access〉東京メトロ日比谷線「人形町」駅より徒歩1分／都営地下鉄浅草線「人形町」駅より徒歩2分／東京メトロ半蔵門線「水天宮前」駅より徒歩3分

1

1923年

㐂寿司

（人形町）

3

2

4

1〉入母屋造《いりもやづくり》の木造2階建。玄関は暖簾のかかる中央のほか、右隣の扉からも2階に上がれる　2〉正面右手にかかる小さな屋根の妻は、洗い出しの壁と黒瓦、銅の庇　3〉四枚揃いの飾り皿は「しまうとお客さまが来なくなる」と油井さん。老舗には不思議な話がちらほら　4〉現代では見かけなくなった、下半分がすりガラスの連子窓《れんじまど》　5〉高い船底天井が独特の開放感をつくる

5

6〉腰板を張ったテーブル席は、落としがけで神棚を上手に隠している　7〉正面のほか、上部にも窓のある珍しい板場。「食材の色がわかるので天窓はいいですよ」　8〉創業時に酒造メーカーから贈られた椅子を、デザインを変えず今も踏襲　9〉昔はガラスに和紙を張っていたという天井の照明

粋なファサードが、かつて芳町《よしちょう》芸妓の置屋だったその歴史を語ります。㐂寿司は明治後期に柳橋で創業、1923（大正12）年に人形町に移り、この建物を改装して店を構えました。

船底《ふなぞこ》天井の下、白木のカウンターと板場が奥に延びています。「天井が高くて居心地がいいでしょう？　仕事も気持ちよくできますよ」と話すのは四代目の油井一浩さん。「お客さまにはこの空間を楽しんでほしいです」

カウンターに沿って頭上を走る照明が手元を照らします。板場は人がすれ違えるほど広く、しかも天窓付き。暖簾をくぐるまでは想像できない明るさと開放感がそこにはありました。

70年を経た建物は、こまめに修繕しつつ古いものと雰囲気をそのまま残すのが基本、と油井さん。つけ台の漆は塗り直し、カウンターは傷んだら削ってきれいに。柱や家具を交換しても大工さんや職人さんに頼んで〝新しく見えない工夫〟を施します。「同じものはもう作れないから、残さないと。街並みへの貢献も考えます。でも、人形町は変わりすぎましたね…ビルばかりになって」昔は呉服屋

9

10〉漆塗りのつけ台は小口に細かな螺鈿《らでん》が施されている。鎌倉彫のお盆も古いもの　11〉背後に大理石、上部に鏡を張った手洗い

の旦那衆やベテランの芸妓さんなど花街らしいお客さまが多かった、と振り返りました。

それでも㐂寿司の持つ独特の空気感を味わってほしいといいます。「建物、板場、お客さま、みんな一緒にすべてが整って㐂寿司がある。私も㐂寿司の一部なんです」何かホッとするね、と声をかけるお客さまがいるというのも、その思いが伝わるからに違いありません。

粋な空気感に宿る かつての花街・芳町の記憶

12

15

14

13

12〉2階座敷はテーブル席に。ここ10年で椅子座を求める声が顕著になったという　13〉右の入口を入ると繊細な網代天井　14〉トイレは網代天井や紐で操る回転窓など、遊び心が満載　15〉伝統色を組み合わせた縦縞のふすまが粋　16〉置屋の歴史を感じさせる無双窓《むそうまど》

住所：中央区日本橋人形町2-7-13／TEL：03-3666-1682／営：［月～金］11:45-14:30　17:00-21:30、［土］11:45-14:30　17:00-21:00／定休日：日・祝／予約：可
access〉東京メトロ日比谷線・都営地下鉄浅草線「人形町」駅より徒歩3分

16

1912年》

すき焼割烹日山

（人形町）

1

1〉2間続きの大広間。手の込んだ欄間彫刻が目を引く（写真提供：すき焼割烹日山） 2〉2階玄関では差し掛けられた庇の下に磨き丸太が立つ 3〉一枚板を使った格式の高い折上げ天井 4〉船底天井の廊下を進みながら期待感が高まる 5〉茶室のにじり口を思わせる低いふすまの小部屋 6〉竿縁《さおぶち》天井に丸窓、簡素な床の間が数寄屋風

ミシュラン一つ星に輝く「すき焼割烹日山」の館内では、そこかしこで日本の伝統的な建築様式に出合います。１９１２（大正元）年創業の日山が人形町で事業を始めて90年余。関東大震災や戦争の混乱を乗り越えながら、大正から昭和初期にかけて建てられた7つの建物を徐々に取得し、現在の姿になりました。

　太平洋戦争後、多くの銘木を集めての大改修が行われます。隅田川を挟んで木

5

日本建築の様式美と選りすぐりの材で魅了する

6

場に近かった地の利も手伝い、玄関には那智黒《なちぐろ》石の三和土《たたき》から一枚板の上がり框《かまち》、さらに吉野杉の四方柾目《しほうまさめ》柱や絞り丸太を使い、お店の顔として整えました。

9つある客室は天井の意匠や家具、欄間、照明など、それぞれ特徴あるしつらえとなっています。豪壮な大広間から数寄屋風の落ち着いた小部屋までが点在する館内には、小さな階段や横へとそれる路地のような空間もあり、ちょっとした迷宮に入り込んだ気分も。長い年月をかけてつなぎ合わせ、育ててきた建物ならではの奥行きでしょう。

海外からの訪問客が増える一方で団体の常連も絶えず、食事を楽しみながら「建築の仕事をしているので、ぜひ内部を見学させてほしい」と申し出る人も。故郷を離れ、東京の真ん中で成功を誓った初代が思いをこめ、贅を尽くして築いた〝城〟は、今もその熱を失うことなく人々を魅了し続けています。

雅な意匠と銘木の数々

7

8

12

13

7〉特注の和風シャンデリアは雅な灯り　8〉四面に建具がある柱には、貴重な吉野杉の四方柾目《しほうまさめ》材を採用　9〉玄関を入ってすぐ目に入る、絞り丸太の銘木　10〉柱にはすべて面取りが施されている　11〉丸く削った御影石の階段をのぼって2階玄関へ　12〉1階キャノピー上部に入母屋造《いりもやづくり》のファサードが見える　13〉大通りに面した入口はシンプルな石造りだ（写真提供：すき焼割烹日山）

住所：中央区日本橋人形町2-5-1／TEL：03-3666-2901／営：11:30-15:00（L.O.14:00）、17:30-21:30（L.O.20:00）／定休日：日（正月・お盆休み別途あり）／予約：可（HPまたはTEL）
access〉東京メトロ日比谷線・都営地下鉄浅草線「人形町」駅より徒歩2分／東京メトロ半蔵門線「水天宮」駅より徒歩5分／都営地下鉄新宿線「浜町」駅より徒歩7分

9

10

11

1899年≫

ビヤホールライオン
銀座七丁目店（銀座）

百年変わらぬ圧倒的な空間
現存する国内最古のビヤホール

銀座七丁目のビヤホールと聞けば「ああ、ライオンね」という方は少なくないはず。菅原栄蔵によって設計され、1934(昭和9)年からこの地に建つ〝銀座の顔〟のひとつです。

大通りに面した入口から一歩足を踏み入れると、心地よいざわめきに満ちた古代神殿のような空間に迎えられます。高い天井で使われているのは伊豆七島などで産出される軽量石材『抗火石《こうかせき》』。「もとは白色でしたが、時を重ねて黒くなりました」と広報担当の青山佳子さん。深い褐色と荒れた肌合いが独特の迫力です。

店内を見回せば、鮮やかな色彩も目に飛び込んできます。壁や柱を覆う赤と緑のタイルは、当時釉薬研究の第一人者だった小森忍に依頼してつくった特注品。豊穣の風景を題材にとった正面の大壁画は250色ものガラスモザイクで描かれているといいます。国内初となるこのビヤホールを非日常の場にしたい、設計者の思いが劇場のようなこの空間をつくり上げたのでしょう。

常連客も多いライオンでは「みなさん好みの席があるんですよ」と青山さん。広い通路をジョッキを手にしたスタッフ

が颯爽と闊歩する中央エリアにはお店の活気を感じたい人が、左右に立つ柱の足元には静かにグラスを傾けたい人が、それぞれ座るというのです。ライオンを愛する人々がつくりあげた自然なゾーニング、菅原も予測できなかったに違いありません。

1〉ホールの全景。柱を両脇に集めて中央は無柱空間に　2〉時を経ても色褪せない大壁画。モザイクの強みだ　3〉葡萄の房をモチーフにしたシャンデリア　4〉古代ギリシャ時代から建築の装飾モチーフだった植物・アカンサスも描かれている　5〉柱上部はビールの原料である大麦の穂がモチーフ。高窓の自然光が照らす赤と緑のタイルは、オリジナルの色をもう作れないという　6〉抗火石は火山性の軽石で加工しやすく、断熱性や吸音性にも優れる

上階にはアール・デコの宴会場も

7〉6階宴会場のステンドグラスは戦火の熱で歪みも見える　8〉1階厨房の窓にもアール・デコデザイン　9〉大空襲時も焼け残り、戦後の一時期は米軍専用のビヤホールになった　10〉6階宴会場はアール・デコデザイン満載の空間。創建当時と変わらないという　11〉現代的なビルの中に“古き良き銀座”が隠されている

10

11

住所：中央区銀座7-9-20銀座ライオンビル1F
TEL：03-3571-2590／営：［月～土］11:30–23:00、
［日］11:30–22:30
銀座ライオンビル6F 銀座クラシックホール
TEL：03-3573-5355／営：11:00–22:30
定休日：いずれもなし／予約：応相談
access〉東京メトロ銀座線「銀座」駅より徒歩3分／
JR「有楽町」駅・「新橋」駅より徒歩7分

1

1924年≫ 竹葉亭（銀座）

1〉ビル街に忽然と現れる木と土の建築　2〉離れの窓を額縁に、絵画のような茶庭

「竹葉亭はお茶の家なんですよ」六代目の女将・別府淳子さんが話します。江戸末期1866年創業の鰻の名店は代々お茶と深い縁があり、茶懐石で使われる陶器を通じて北大路魯山人や川喜田半泥子が訪れて、茶会もしばしば開かれました。古美術を商う人々が集まることもあり、サロン的な存在でもあったといいます。

平入の木造2階建は関東大震災後、新富町から現在の場所に移転した際に建てられたもの。街路に面した本館の奥には、茶道に造詣の深かった三代目によって茶庭がしつらえられました。そこに、茶室としても使える複数の離れを点在させたのです。

室内は銘木の床柱や書院付きの床の間、磨き丸太や根来《ねごろ》塗の卓子など伝統的な和の要素で満たされています。「大切にしているのは床の間の雰囲気ですね。とびきり上等なものではないのですが」と別府さん。花器には野花が活けられ、掛け軸にも華やかさを抑える意識が感じられます。飛び石を伝って離れに行き着くと、そこには数寄屋の意匠が満載。下地《したじ》窓や網代の戸袋、簾を多用するなど茶の

2

3〉ふたつの下地《したじ》窓とにじり口。離れは茶室そのものだ
4〉侘びた風情を醸し出す竹小舞《たけこまい》　5〉2間を貫く長押《なげし》。
この長さを持つ材は少なくなった

湯の〝侘び寂び〟を十二分に味わえる空間です。

静謐な庭に立てば、誰でもここが銀座であることを忘れてしまうでしょう。外から想像できない別世界だと、訪れる多くの人々が漏らすといいます。「この建物を残す価値はそこにあるのではと思っています」

茶の桃源郷、銀座の奥座敷にあり

6〉3種の異なる銘木を用いた床の間　7〉本館には堂々たる欄間の下に赤漆の卓子　8〉書院と二段の落としがけがある、デザインされた床の間

9

10

11

12

13

住所：中央区銀座8-14-7／TEL：03-3542-0789／
営：11:30–14:30、16:30–20:00（L.O.20:00）／
定休日：日・祝／予約：可（TEL）
access〉都営地下鉄浅草線・東京メトロ日比谷線「東銀座」駅より徒歩10分／都営地下鉄大江戸線「築地市場」駅より徒歩4分

9〉ハゼノキがそびえ、飛び石がめぐる中庭　10〉洗練された意匠が、打たれた水でさらに際立つ　11〉手斧《ちょうな》仕上げの土台と靴脱ぎ石を間接照明が照らす。伝統と現代技術の融合　12〉美しく波打つガラスは現代の窓が失ったもの　13〉外廊下には那智黒石が張られているところも

明治期≫

茅場町　鳥徳

（茅場町）

その時代を知らない人でさえ思わず「昭和の家ってこんな感じ！」と言ってしまいそう。鳥料理店・鳥徳の気さくな雰囲気は「古くても建物はこれでないと」と話す四代目店主・鍋島孝太郎さんの人柄をも表しているようです。

　鳥徳の歴史は再建の歴史です。明治の初めに初代が始めた3階建の焼き鳥店は関東大震災で全壊。建て直すも今度は大空襲で被災し、戦後は平屋での再開でした。その後の高度成長期に2棟の隣家を取得・改築して、現在の姿になったのです。

1〉屋根部分に壁が立つファサード　2〉踊り場に凝った出窓が並ぶ。「通風のために後であけたのでは」と鍋島さん　3〉玄関上部には連子窓《れんじまど》と手斧《ちょうな》仕上げの横板　4〉秋田杉の一枚板で作ったテーブル席と厨房のある1階

2階の入れ込み座敷は、もとの店舗とかつて奥にあった料亭の建物とをつなぎ合わせました。手前の8畳は窓も天井も民家風、敷居をまたぐと天井は竿縁《さおぶち》に変わり、さらに進めば網代になります。壁には丸窓が切られ、磨き丸太の床の間も…と、奥に行くほど本格的な和のしつらえが現れるのです。

新築より古い建物が好きという鍋島さんは、耐震改修はしっかりやりつつ室内の意匠にはほぼ手をつけずにお店を続けてきました。「直したくても材料も職人もお金もないから、大事にきれいに使うしかないんですよ」

そんな鍋島さんが見据えるのは、生まれ育った茅場町の再興です。「食べ物屋から歯医者までなんでもあった」下町の家並みは次々とビルになり、バブル崩壊後は人の流れも変わりました。ここを東京の新しいディスティネーションにしたい、それには歴史を体現するこの建物が不可欠。まちへの深い愛情がそこにあります。

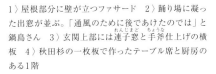

内部は昭和の民家＋料亭の趣
街並み再興の拠点にも

5

6

5〉2階入れ込み座敷。さりげなく統一した欄間の意匠が面白い　6〉半間に満たない細い床の間。ふたつの建物をつなぐ際に生まれたものだろう　7〉中央の枠内はかつては窓だったという。改修時に埋めて壁にした　8〉故郷に帰ってきたような気安い空間　9〉座敷最奥のベンガラ色の床の間が料亭の記憶を伝える　10〉網代天井には桜の皮付丸太の竿縁《さおぶち》も　11〉同じようで違うすりガラス。外の手すりが透けている右側がより古い

住所：中央区日本橋茅場町2-5-6／TEL：03-3661-0962
営：11:00–13:30（L.O.13:30）、17:00–22:00（L.O.21:15）
定休日：土・日・祝／予約：可
access〉東京メトロ日比谷線・東西線「茅場町」駅より徒歩5分

7

8

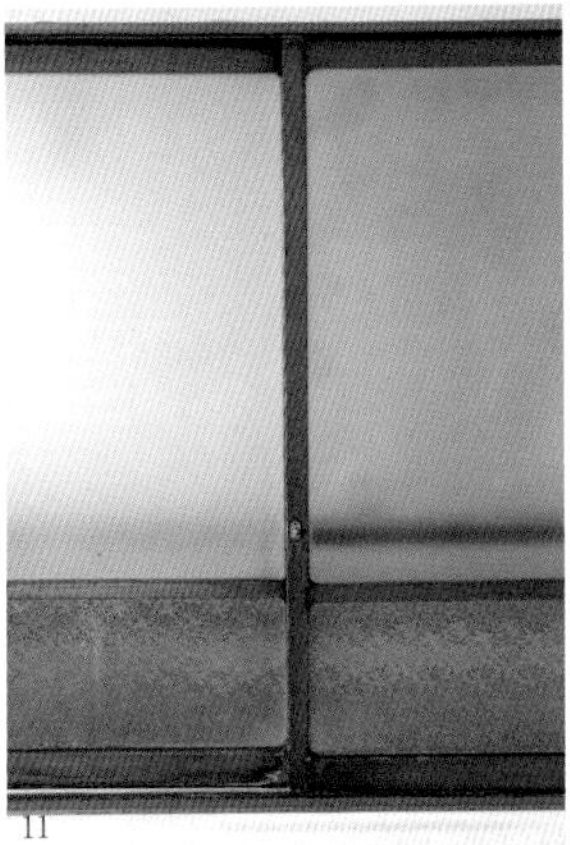
11

9

10

1872年》

虎ノ門大坂屋砂場

（虎ノ門）

1

大正建築、ビルの森に誇り高く

1

2

3

1〉高層ビルを背に屹然と立つ　2〉外構に石臼と灯篭そして四季の植栽　3〉引戸の足元に窓を切り、外の緑がのぞく粋な玄関　4〉交差点に合わせて正面を隅切りし、玄関を設けている

ビルの森に凛と立つその姿を、一度見たら忘れることはないでしょう。瓦屋根に下見板張《したみいたばり》2階建の砂場は1923（大正12）年に建てられ、関東大震災や太平洋戦争の空襲でも失われることなく残った貴重な町家建築です。

からりと引戸を開ければどこかなつかしい匂いと、漆喰壁や竿縁《さおぶち》天井、木枠の窓など伝統的な木造の風景が広がります。階段の下で靴を脱ぎ2階に上がると、そこは訪れる人の多くが「おばあちゃんの家にきたみたい」と目を輝かせる畳の空間。「祖母の代ではお店が終わると2階は住まいになり、寝る場所だったそうです」と、女将の稲垣真由美さんは話します。この部屋が醸し出す〝家らしさ〟も納得というところでしょう。

建物は隅切りしていて窓際の畳が斜めに切られていますが、それ以外は典型的な古い日本家屋そのもの。しかし蕎麦をすすりながら何気なく窓を開ければ、真正面には虎ノ門の雑踏が広がっているのです。田舎の家から大都会を覗き見る、そんな不思議な感覚です。

超一等地ゆえ建替の話は尽きず、一時はビル化の危機もあったといいます。そ

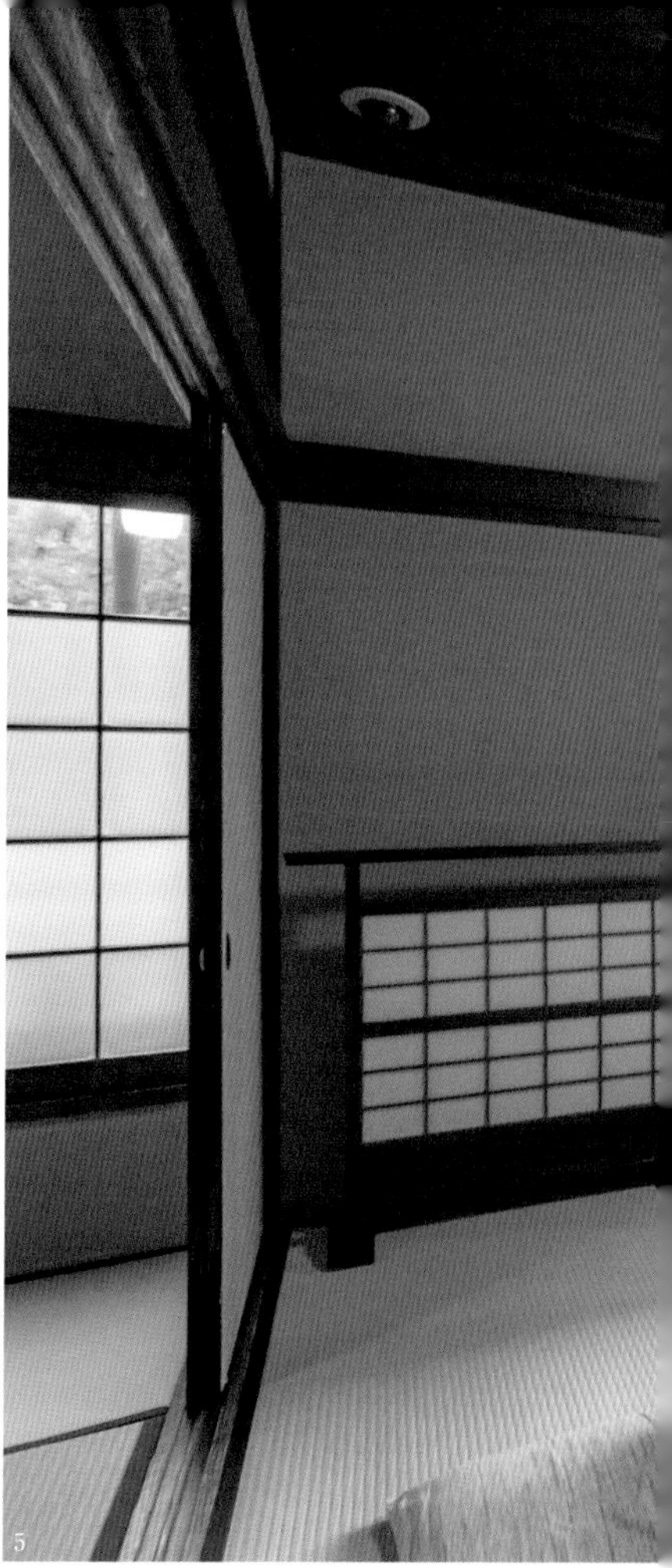

5〉2階の座敷。隅切りの影響で奥に行くほど狭くなっている　6〉1階席。壁の凹凸は玄関に合わせて　7〉窓の手すりと持送《もちおく》りは寺社建築のよう

んな中で現当主である六代目は「ビルにしたらこの店の良さがなくなる。自分はここを残して伝えるために生まれた」と言い、国の有形文化財としての登録に踏み切りました。建物維持に多くの制約が生じるため所有者が自ら申し出ることは少ないといわれる文化財登録。「戦前からのお客さまが今もいらっしゃることがあります」稲垣さんの言葉に、老舗を守る静かな覚悟が見えるようでした。

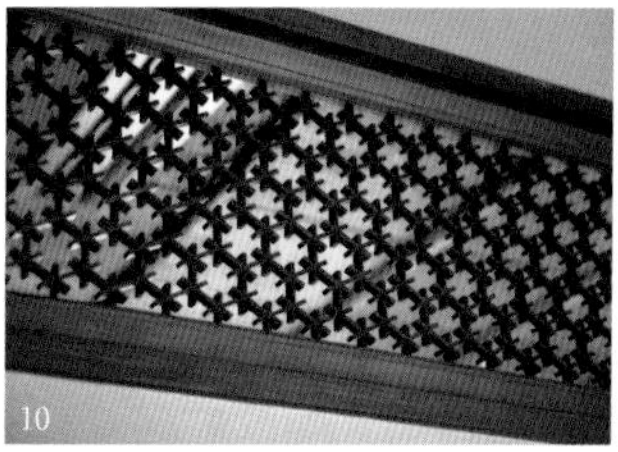

8〉まさに“おばあちゃんの家”。窓の外は最都心・虎ノ門だ　9〉名入りの鬼瓦は蕎麦店専門の職人の手によるもの　10〉組子《くみこ》細工の美しい欄間　11〉階段もどこか民家風　12〉簾戸《すど》や違い棚、竿縁《さおぶち》天井など伝統的な和の要素も見える　13〉木の連子窓《れんじまど》と漆喰壁、植栽の緑がビル街を潤す

住所：港区虎ノ門1-10-6／TEL：03-3501-9661
営：[月・火]11:00-20:00(L.O.19:20)、[水〜金]11:00-21:00(L.O.20:20)、[土]11:00-14:30(L.O.13:50)
定休日：日・祝・第3土／予約：不可
access〉東京メトロ銀座線「虎ノ門」駅より徒歩3分／JR「新橋」駅より徒歩10分

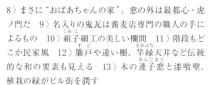

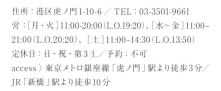

寛政年間≫

野田岩 麻布飯倉本店

（麻布）

東京タワー足下に飛騨の匠の仕事

1〉太さ一尺のケヤキ材大黒柱が中央に立つ吹き抜け 2〉外壁には天然スレートの一種・玄昌石《げんしょうせき》を張る 3〉レトロな階段手すりは解体済みの庁舎建物から取得したもの 4〉土蔵を模した外観。背後は事務所や住居の入った棟 5〉豪壮な丸太梁《まるたばり》に目を奪われる1階席。真紅のアート作品が場をまとめる

東京タワーのほぼ真向かい、国道沿いに白壁の土蔵のような姿が。寛政年間創業の鰻の老舗、野田岩は、ここ麻布の地に大名屋敷があった頃から芝居小屋や映画館の林立で栄えた時期、そして現在までの二百年を見守ってきました。

蔵をかたどった外観ながら、店内を埋めつくすのは岐阜県高山の合掌造《がっしょうづくり》建築を支えてきた古木たちです。五代目当主で御年92歳の金本兼次郎さんが、大空襲で失われたお店を再興すべく合掌造3軒分の建材を買いつけ、1975~1976(昭和50~51)年頃建て直しました。「明治時代の『鹿鳴館』のようなレトロな空気にしたいと思っていました」

柱も丸太梁もすべて拭漆《ふきうるし》で仕上げられ、どこに目をやっても飛騨の匠が手掛けた仕事の量感に圧倒されるばかり。煤竹《すすだけ》や春慶塗《しゅんけいぬり》といった高級材を駆使した天井、蒔絵《まきえ》を贅沢に施したテーブルなどの家具類も、ひとつひとつが丹精込めてつくられたものです。超一流の鰻職人として『現代の名工』に選出された金本さんは、建築にも妥協がありません。とはいえ、その根本にあるのは〝遊び心〟だといいます。

「若い時から遊んで道楽しないと、建築はできないですよ。人間を豊かにしないとね」仕事の合間をぬっては多くの建築を見てまわり、楽しみながら培った知識と教養すべてをそそいだ、ここは金本さんの小宇宙。訪れる人の心に忘れがたく刻まれるのも道理でしょう。

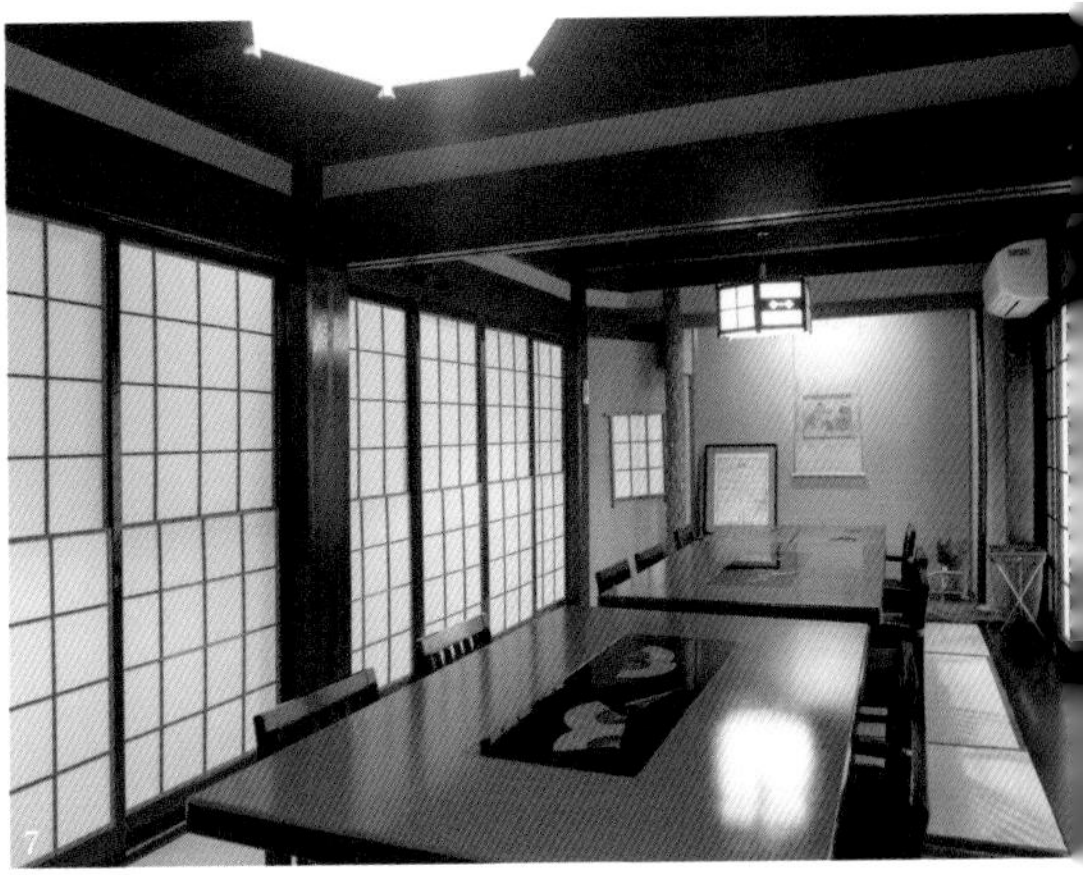

6〉高山の庄屋がかつて所有していたという春慶塗の内蔵《うちぐら》扉　7〉2間続きの宴会場は柱と梁の太さに注目　8〉雅な扇子の蒔絵が施されたテーブル

主《あるじ》の遊び心が結晶した小宇宙

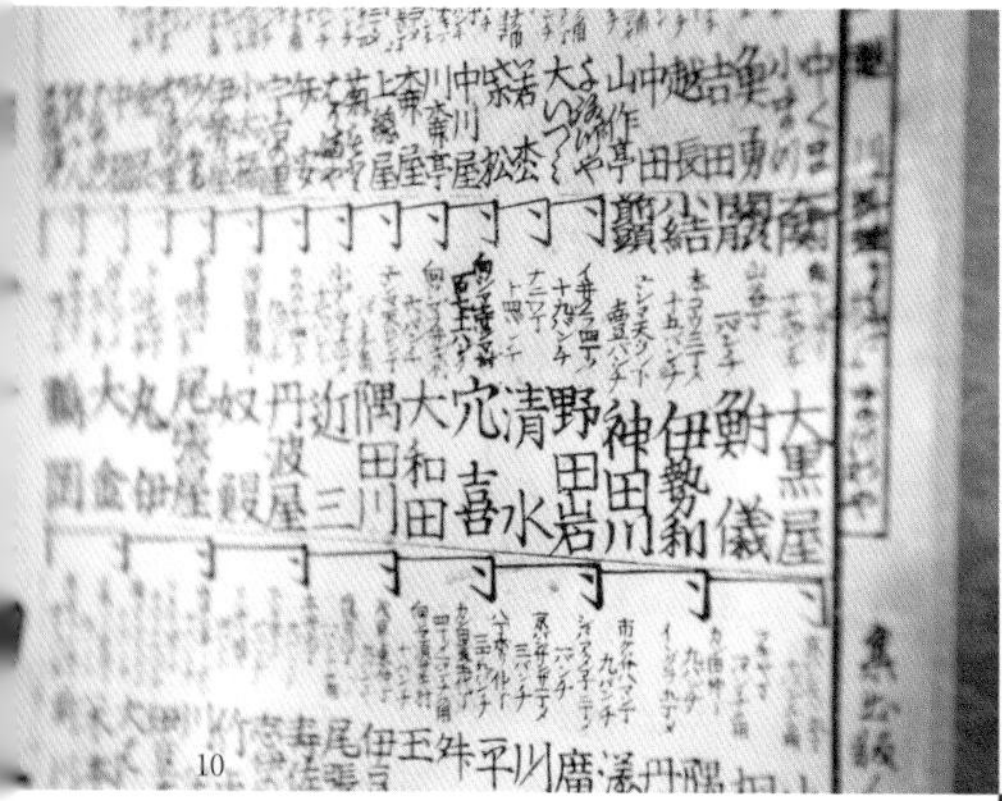
10

9

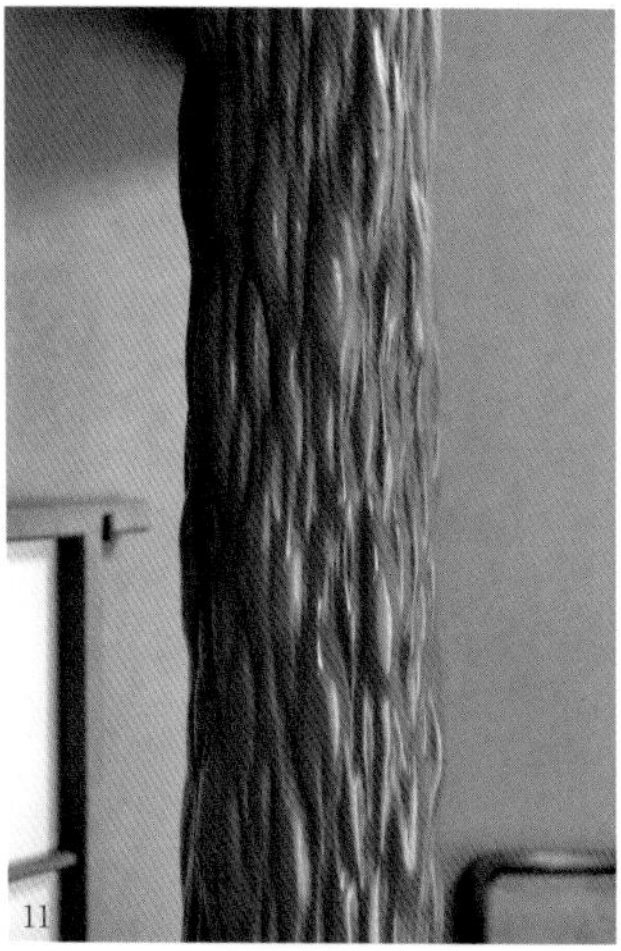
11

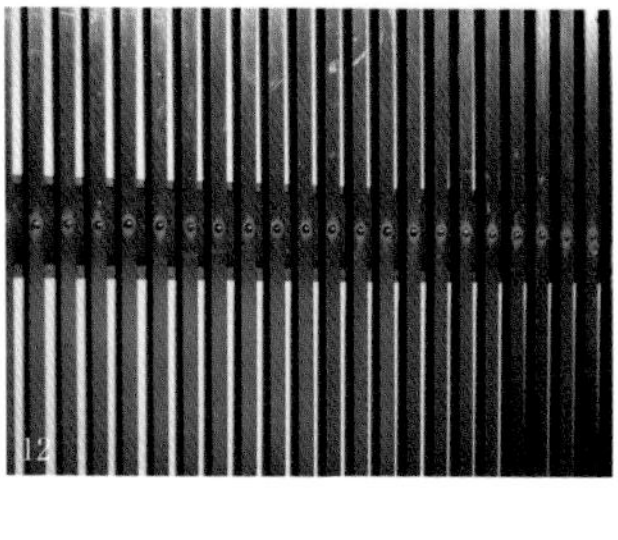
12

13

15

14

住所：港区東麻布1-5-4／TEL：03-3583-7852
営：11:00-13:30、17:00-20:00（いずれも最終入店時間）
定休日：日（月曜不定休）夏季休業あり、年末年始、土用の丑の日休業／予約：可（TEL）
access〉都営地下鉄大江戸線「赤羽橋」駅より徒歩5分／東京メトロ日比谷線「神谷町」駅より徒歩8分／東京メトロ日比谷線「六本木」駅より徒歩15分

9〉開口部には黒漆の千本格子《せんぼんごうし》を多用　10〉1876（明治9）年発行の“食通番付”では第3位に登場
11〉絞り丸太の床柱は漆がかけられ迫力を増している
12〉鋲《びょう》1本1本が丁寧に焼き入れされているという
13〉春慶塗《しゅんけいぬり》と煤竹《すすだけ》で仕上げた天井と複雑に組まれた丸太梁　14〉アール・ヌーヴォーの照明は金本さん自らヨーロッパで買い求めた　15〉ケヤキの一枚板を並べた板戸。これだけの幅が取れる材はもうほとんど見られない

1926年≫

名曲喫茶ライオン

（渋谷）

1

「名曲喫茶ライオン」は渋谷百軒店《ひゃっけんだな》商店街で最古参の1926(大正15・昭和元)年創業。石張りの壁にスペイン瓦、中世風の扉のついた3階建の店舗は、意外にも木造です。

店内は1、2階を吹き抜けでつなぎ、白いカバーをかけた椅子がすべてスピーカーの方向を向く空間です。とりわけ目を引くのは、バロック建築をモチーフとした豊かな装飾でしょう。壁も天井も黒く塗りこめた室内に細かな細工を施した

1〉喫茶ライオンの主役は巨大な特注スピーカー　2〉渋谷の坂道で出合うインパクトある外観　3〉青いスペイン瓦が石張り壁のアクセント　4〉すべての椅子はスピーカーのある前方を向く

柱が立ち並び、金色に縁取られたアーチを支えています。天国と見まごうばかりの劇的空間を演出して人々を熱狂させたヨーロッパのバロック教会を思わせる重厚な空間に圧倒されました。

けれどここは、クラシック音楽専門の名曲喫茶のまさに草分け的存在。ほとんどのお客さまが、質の高い音響設備で好きな音楽を誰にも邪魔されず集中して聴く、そのために来るのです。そう思うと、照明を落とし、向かい合わせのテーブル

席すらないこの室内こそ最高の環境と思えてきます。

外装も内装も、デザインしたのは亡き創業者自身。三代目店主を務める石原圭子さんは「建築のプロではなかったけれど、本や雑誌で研究して大工や音響技術者に指示を出し、ペンキ塗りなどは自分でやっていました」と振り返りました。心に浮かぶイメージのままつくり上げた独特の空間は、歳月を経ても変わらず〝同好の士〟を迎え続けています。

クラシックの波が洗う
バロック風独創空間

5

6

5〉スピーカーに合わせて吹き抜けを設け、1、2階とも変わらない音環境に　6〉音響機器、大量のレコードやCDが鎮座する正面　7〉道路に面した窓は型ガラスで、光は入るが外は見えない。渋谷の喧騒から隔絶された世界が広がる　8〉窓の上部は古風な回転式　9〉落ち着いた隅は常連客の指定席　10〉ねじれた金の柱が柱頭飾りを支える意匠は『ソロモンの柱』と呼ばれ、バロック建築の定番　11〉ヨーロッパ風の装飾と手書き文字が調和する案内板

7

10

9

8

住所：渋谷区道玄坂2-19-13／TEL：03-3461-6858
営：11:00–22:30（L.O.22:20）／定休日：なし（正月・盆休みあり）／予約：不可
access〉京王井の頭線「渋谷」駅より徒歩４分／東京メトロ半蔵門線、東急田園都市線「渋谷」駅より徒歩５分／東京メトロ銀座線、JR「渋谷」駅より徒歩７分／東京メトロ副都心線、東急東横線「渋谷」駅より徒歩９分

11

【いろんな欄間】

ハ

ニ

ホ

ヘ

イ

ロ

イ. すき焼割烹日山
ロ. 桜なべ中江
ハ. 虎ノ門大坂屋砂場
ニ. 竹むら
ホ. 桜なべ みの家 本店
ヘ. 㐂寿司

【いろんな床の間】

イ

ニ

ハ

ロ

ホ

イ. いせ源 本館
ロ. 竹葉亭
ハ. 桜なべ みの家 本店
ニ. 人形町今半 人形町本店
ホ. 竹葉亭

第3章

浅草・森下

1

1870年≫

中清（浅草）

浅草の喧騒を逃れ
池の畔の草庵に憩う

1〉表通りから入口に続く石畳はまちの喧騒との結界
2〉女将が「家宝です」と話す年代物の輪島塗重箱
3〉中庭では錦鯉が泳ぐ池を離れ座敷が囲む

4

5

6

浅草は江戸時代には歌舞伎や芝居小屋、明治時代以降は劇場・映画館がひしめく〝文化と娯楽の殿堂〟。昔から多くの粋人が集うまちです。

中清は1870（明治3）年創業。表通りから引き込まれた露地の奥で蔵造の建物と石灯籠に迎えられると、商店街の賑わいから一転、静謐な空気に包まれました。

永井荷風や久保田万太郎といった作家や多くの文化人に愛されてきた名店の魅力は、江戸前天麩羅《てんぷら》の味ともうひとつ、離れの数寄屋空間です。池を囲む3つの座敷は関東大震災後、当時の四代目当主が大工の棟梁とともにしつらえました。

千利休の侘び茶の精神を映した草庵風茶室を原点とする数寄屋造は、竹や丸太、土壁といった自然素材と凝った意匠が特徴の建築様式。施主には高い教養と遊び心、つくり手には確かな技術が求められます。盛り場であると同時に職人街の顔を持つ浅草の土地柄も手伝っての共働だったのでしょう。

桜・松・梅の名をそれぞれ冠した離れはどれも違う趣を持ち、銘木を駆使した演出や遊びに満ちています。お見合いから孫の七五三祝いまで、代々通い続ける人も少なくないそう。六代目中川敬規さんは「ぜひこの離れを、とのご予約も多くいただきます。空間そのものもお味として味わってくださっているのだと思います」

4〉ヒノキの小径木を並べる縁側。荒い肌合いをそのまま磨いた材を使った　5〉ダイナミックな手斧跡を見せる名栗《なぐり》仕上げの濡れ縁　6〉2種類の天井がある桜の間。内部からの腐朽で穴ができたスギ板は“レンコン”と呼ばれ珍重される　7〉暗褐色のネズコ材へぎ板のつやが美しい網代天井

3つの離れ座敷で数寄屋の本格を堪能

8〉松の間にはアカマツの皮付丸太を床柱に、伸びる枝を落としがけにしつらえた遊び心ある床の間が　9〉根《ね》木《ぎ》と呼ばれる面白みのある木目が出た材を障子の腰板に

10〉梅の間の船底天井は節なしの板と磨き丸太の棟木が美しい　11〉斜めに角度をつけ、洒脱な雰囲気の玄関。三和土《たたき》は那智黒《なちぐろ》石の洗い出し　12〉胡麻竹《ごまだけ》の竿縁に葦《あし》を木賊張《とくさばり》した天井

住所：台東区浅草1-39-13／TEL：03-3841-4015
営：［平日］11:30-14:00 17:00-22:00、［土・日・祝］11:30-20:00／定休日：火・第2、4水／予約：可（TEL）
access〉東京メトロ銀座線、都営地下鉄浅草線「浅草」駅より徒歩5分／東武伊勢崎線「東武浅草」駅より徒歩5分／つくばエクスプレス「浅草」駅より徒歩5分

1

1880年≫ 神谷バー（浅草）

4

2

3

1〉垂直性と左右の対称性が強調されたファサード　2〉3つの丸い高窓は象徴的存在だ　3〉レトロなロゴとレンガタイルが調和するエントランス　4〉吾妻橋からのぞむ神谷バーは浅草の玄関口

台東区浅草1丁目1番地。雷門と並び、神谷バーは浅草の代名詞です。1921(大正10)年に完成した地上6階地下1階建のRC建築はすらりと伸びるその姿が垂直性を強調しつつ、横に3つ並んだ丸窓や1階中央の入口は左右の対称性を感じさせます。「建設と同時期に、曽祖父である二代目がワインの視察で欧州に行っていました」と五代目の神谷直彌さん。清水組(現・清水建設)による設計は、当時のヨーロッパ建築界を席巻していた『表現主義』の影響を受けた可能性もありそうです。

この頃現れた新しい建材であるスクラッチタイルも使われています。1階東の外壁に施された、縦に引っ掻いたようなテクスチャーがそれ。1923(大正12)年にフランク・ロイド・ライトが設計した帝国ホテルで同じ意匠の煉瓦が使われ、その後タイルに取り入れられて爆発的な人気を得ました。帝国ホテルより先にできた神谷バーですが、後になって補修時に採用されたのかもしれません。

レトロな店内は、日本初のバーの面目躍如たるものでしょう。「建て替えたらもう来ないよ」という常連客の声もうな

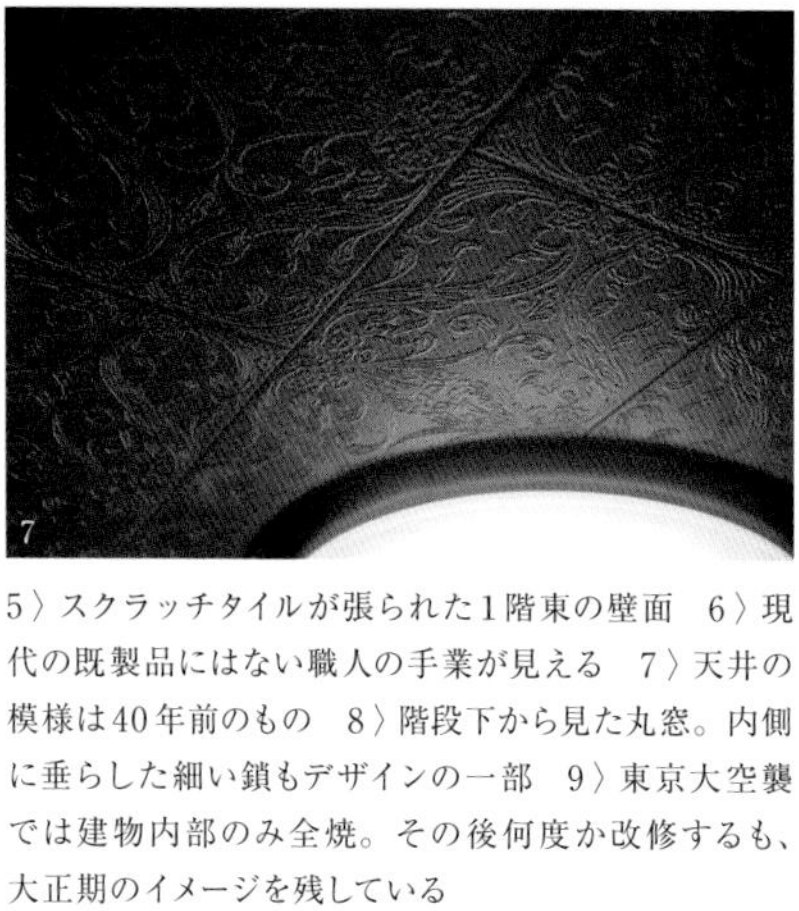

5〉スクラッチタイルが張られた1階東の壁面　6〉現代の既製品にはない職人の手業が見える　7〉天井の模様は40年前のもの　8〉階段下から見た丸窓。内側に垂らした細い鎖もデザインの一部　9〉東京大空襲では建物内部のみ全焼。その後何度か改修するも、大正期のイメージを残している

ずけます。実際には２０１３（平成25）年に大きな耐震改修を行い、鉄板を巻かれて柱が太くなるなど変化もありました。時代のニーズにこたえて部分的に変更はしつつ、「街並みに貢献するためにもスクラップ&ビルドはしません。吾妻橋を渡ってこの建物がだんだん見えてくると、ああ浅草に帰ってきた、という気持ちになるんです」お店への思いがこもる、静かな言葉でした。

8

日本初のバーは
内も外もヨーロッパの香り

9

住所：台東区浅草1-1-1 1F／TEL：03-3841-5400
営：11:30-22:00（L.O. 21:30）／定休日：火
予約：1Fは不可
access〉東京メトロ銀座線、都営地下鉄浅草線、東武伊勢崎線「浅草」駅より徒歩10分／つくばエクスプレス「浅草」駅より徒歩10分

1897年≫

桜なべ みの家 本店（森下）

大熊手に迎えられ
下町の風情を楽しむ

1〉ステンレスの長机が続く1階座敷。特大熊手は毎年鷲《おおとり》神社の一の酉で

3

2

隅田川と小名木川《おなぎ》が分かれる深川・森下地域は、昔から舟人足や職人が集まった場所。彼らのスタミナ食に、と１８９７(明治30)年に創業の老舗で桜鍋を始めたのがみの家です。

大空襲で被害を受けたこの地で再興をはかった二代目が各地から銘木を集め、自ら設計して１９５２(昭和27)年頃、現在の店舗を完成させました。

長机が並ぶ入れ込み座敷は下町らしい気さくな雰囲気。しかしひとたび周囲を見渡せば見事なケヤキの一枚板やさりげなく縁起を盛り込んだ床の間、総カリン仕上げの特別室と、建築が好きな人なら思わずうなるポイントが目白押しです。四代目の永瀬守さんいわく「祖父は凝り性で、しかも常連だった木場の職人衆に『値踏みされたくない』と気張ったんですよ」

その血を受け継ぐご本人も祖父の遺産を愛し「料理の味+αとなるこの空気感を残してこそ店として生き残れる」を信条としています。新潟県中越地震の翌年に、建物全体をほぼスケルトンに近い状態にしたうえで耐震大改修を行いましたが、その後来店した常連客は「あれだけ

2〉亀甲模様の戸袋が目を引く。1階は傷んだ銅板を保護するため木材で覆った　3〉屋久杉の腰板を桜の皮付丸太で縁取っている　4〉座敷から入口側を見返す。鏡の脇に八寸角の大黒柱が立つ　5〉馬頭観音が祀られた坪庭は夏場の風通しにも活躍

工事したのに全然変わってないじゃないか」貴重な部材を寸分違わず元に戻したことがわかります。「見た目は30年前と変わらないようにしたいですね」

その一方で、祖父の時代に敷かれていた赤い絨毯を籐むしろへ次々取り替えているとのこと。どちらが似合うかは明らかでしょう。古きを壊さずより魅力的に育てていく、絶妙なバランス感覚に脱帽です。

6

木場の職人衆も納得！
銘木満載のこだわり空間

7

8

9

12

11

10

住所：江東区森下2-19-9／TEL：03-3631-8298
営：[平日]12:00-13:50・16:30-20:50、[土]12:00-13:50・16:00-20:50、[日・祝]12:00-20:20/定休日：火(5～10月はその他臨時休業あり)予約：可(TEL、4名様～)
access〉都営地下鉄新宿線、大江戸線「森下」駅より徒歩1分

6〉2階座敷は中央にケヤキの一枚板を敷く　7〉床柱に松、落としがけに竹、框に梅と縁起のいい床の間　8〉那智黒石洗い出しの玄関は格天井《ごうてんじょう》。下足札を受け取り座敷へ上がる　9〉釘を使わず総カリン材で仕上げた贅沢な特別室　10〉特別室の廊下はクスノキの一枚板。杢《もく》が美しい　11〉噺家《はなしか》との縁も深い。特別室の羽子板は五代目古今亭志ん生から贈られたもの　12〉桜がモチーフの粋な欄間。これもカリン材

1801年≫

駒形どぜう 浅草本店

（浅草）

二百年変わらない奇跡の佇まい

1

2

1〉黒漆喰の壁と瓦屋根に古い柳の木がよく似合う

2〉113年前の写真。変わった部分を探す方が難しい

（写真提供：駒形どぜう）

座敷に上がればそこは江戸
町人の食と文化を追体験

5

6

4

創業1801（享和元）年といえば、世は江戸時代後期。二百年前の記憶とともに駒形どぜうは変わらず今もビルの谷間に建っています。堂々としたその姿は、大名行列を見下ろさないよう2階窓が許されない、江戸期ならではの出桁造《だしげたづくり》です。

暖簾をくぐると、目の前には籐畳の一室空間。テーブル代わりに分厚い板が敷かれ、その両脇に絣《かすり》の座布団が並ぶ入れ込み座敷は、町人のざわめきが聞こえてきそうな江戸の風情そのものです。

しかし副店長の小形輝昭さんは「関東大震災でも大空襲でも焼けました」とこともなげに言うのです。そのたびに再建し、最後の建替は1964（昭和39）年。〃佇まいだけは変えてはいけない〃という先祖の言葉に従って「2階に窓を作らないところも守りましたよ」と、ほがらかに笑いました。

建てられたのは50年前でも、空気感は二百年前と変わらない。簡単なことではないでしょう。ヒントは「ここは舞台で、従業員は俳優。演じながら、お客さまに非日常の江戸食文化体験をしていただきたいのです」という小形さんの言葉です。建物も道具も空間もかたくなに創業時を踏襲し、そこに働く人はひととき〃江戸のどぜう屋〃と化して訪れる人それぞれの物語へと誘う。「それが私たちのおもてなしです」こんな老舗のあり方もあるのです。

3〉テーブルのない入れ込みは気取らなさが際立つ
4〉かな板と呼ばれるカシの一枚板。ここに七輪や鍋をのせる　5〉古くからある沓脱《くつぬ》ぎは圧倒的な量感
6〉下足札にも江戸情緒があふれる　7〉味わいある薬味入れ

9

10

8〉がっちりした庇を太い桁《けた》丸太が支えている　9〉江戸の文化や芸能を学ぶ講座を定期的に開催　10〉厨房の中には名優たちの姿が　11〉広縁の先は中庭のしつらえ。夏は窓を開けて風を通す

住所：台東区駒形1-7-12／TEL：03-3842-4001／営：11:00-21:00（L.O.）
定休日：なし（大晦日と元日は休業）／予約：可（TEL）4名様以上20名様未満
access〉都営地下鉄浅草線「浅草」駅より徒歩2分／東京メトロ銀座線「浅草」駅より徒歩5分／都営地下鉄大江戸線「蔵前」駅より徒歩5分／東武スカイツリーライン「浅草」駅より徒歩10分

1889年》土手の伊勢屋（三ノ輪）

かつての吉原遊郭《よしはらゆうかく》近く、土手に沿って建っていたことから店名も『土手の伊勢屋』。行列のできる天丼の名店は創業から128年を数えます。関東大震災後に再建された昭和初期の建物は東京大空襲を免れ、国の有形文化財と台東区の景観重要建造物に登録されています。

入母屋造下見板張《いりもやづくりしたみいたばり》の2階建は正面に玄関とカウンターがあり、街路に面した角部にはもうひとつ入口があったかと思わせる張り出し部分も。暖簾をくぐると左手にガラス張りの厨房があり、中でカウンターとつながっています。天麩羅《てんぷら》を揚げるごま油の香りをカウンターから外に流し、道ゆく人を誘ったという明治の情景が目に浮かぶ、昔ながらのレイアウトです。

テーブルと座敷からなる客席では、さまざまな装飾や意匠に迎えられました。銅板を張った柱や磨き丸太、建物に関わった職人衆から贈られた額、天丼ダネの代表・エビの透し彫り、結霜《けっそう》ガラスと呼ばれる大正から昭和初期にかけて流行した美しい窓ガラスも。趣ある品々に囲まれた店内を見渡し、四代目の若林喜久雄さんは「この建物も〝味〟のうちになっ

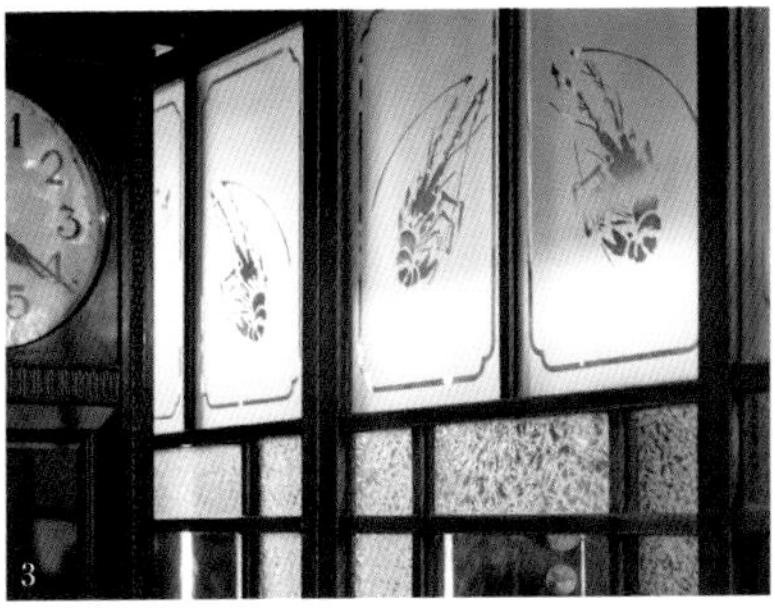

ていると思っています」
数年に一度は店をひと月休み、床や壁に付着した油分を徹底的に清掃・修繕するという天麩羅店ならではの苦労も。「古いものを守るのは受け継いだ者の宿命ですから」そう言って、寡黙な当主が微笑みました。

1〉こぢんまりとした店内。壁に並ぶ柱は銅が張られた珍しい意匠　2〉むくりのある瓦屋根と“天麩羅”の大きな文字が目を引く　3〉上部にエビ、下には結霜《けっそう》ガラスの模様が美しい窓　4〉引き戸のような東南角部。現在は閉じられ客席スペースに

5

昭和初期の街角風景そのままに

住所：台東区日本堤1-9-2／TEL：03-3872-4886
営：11:00–14:30／定休日：水・第4火／予約：不可
access〉東京メトロ日比谷線「三ノ輪」駅より徒歩9分

5〉丸く削られた石造りのカウンター。ごま油の香りが漂ってきそうだ　6〉“大入”の額には左官・鳶《とび》・ペンキ屋・建具店などの文字　7〉古い岡持ち。先代が子どもの頃はこれで吉原に天丼を届けた　8〉油を吸って鈍く輝く磨き丸太　9〉ガラス張りの建具で囲われた厨房

1905年》

桜なべ　中江

（三ノ輪）

1〉3棟の中央、熨斗瓦《のしがわら》が高く積まれた平入屋根の中江店舗　2〉桜鍋は東京発祥。かつての吉原大門《よしはらおおもん》には20軒以上が軒を連ねた　3〉堀と土手があった90年以上前の現地。店構えは変わっていない

「〝下町の蹴飛ばし屋〟ですよ」と中江白志さん。吉原に向かう人々が通った時代から四代にわたり、この地で桜鍋を供する桜なべ 中江の店主です。登録有形文化財の店舗は関東大震災直後の１９２４(大正13)年に再建し、東京大空襲時も焼け残った木造2階建。「文化財の中で東京の郷土料理を食べられる場所は貴重です。残しながら生かしていきたい」

宮大工だった弟とともに二代目が造り上げたという店内には存在感ある銘木や凝った意匠の欄間など見どころが多く、建築分野の人もしばしば見学に訪れるといいます。四半世紀に一度大きなメンテナンスを行い、プラスチック系建材が使われていた箇所をその都度自然素材に交換するなど、建物全体の質の向上に努めてきた成果でしょう。

もうひとつ目につくのは店を贔屓にした芸術家・作家の作品で、明治から昭和にかけての文化の一端を垣間見るよう。噺家《はなしか》や力士との縁も深いといいます。中江のこんな一面を、江戸の粋な文化を象徴する地でもあった吉原の伝統を継ぐ存在と四代目はとらえました。大正時代のこの建築をベースに、酒食や落語、芸者

4〉入れ込み式の2階座敷。再建当初、夜間は住み込み従業員の住まいにしていた　5〉入口脇の厨房は肉を見せて調理する“オープンキッチンのハシリ”だったという　6〉宮大工の技が光る神棚や面取り柱のある1階にはレンコンの欄間も

4

5

6

遊びといった東京の大衆芸術・文化を発信しながら地域に貢献しています。「このまちの価値を高めて、たくさんの人に愛されながら二百年三百年と続いていく店になりたいですね」未来へ向かう老舗名建築、そのお手並み拝見です。

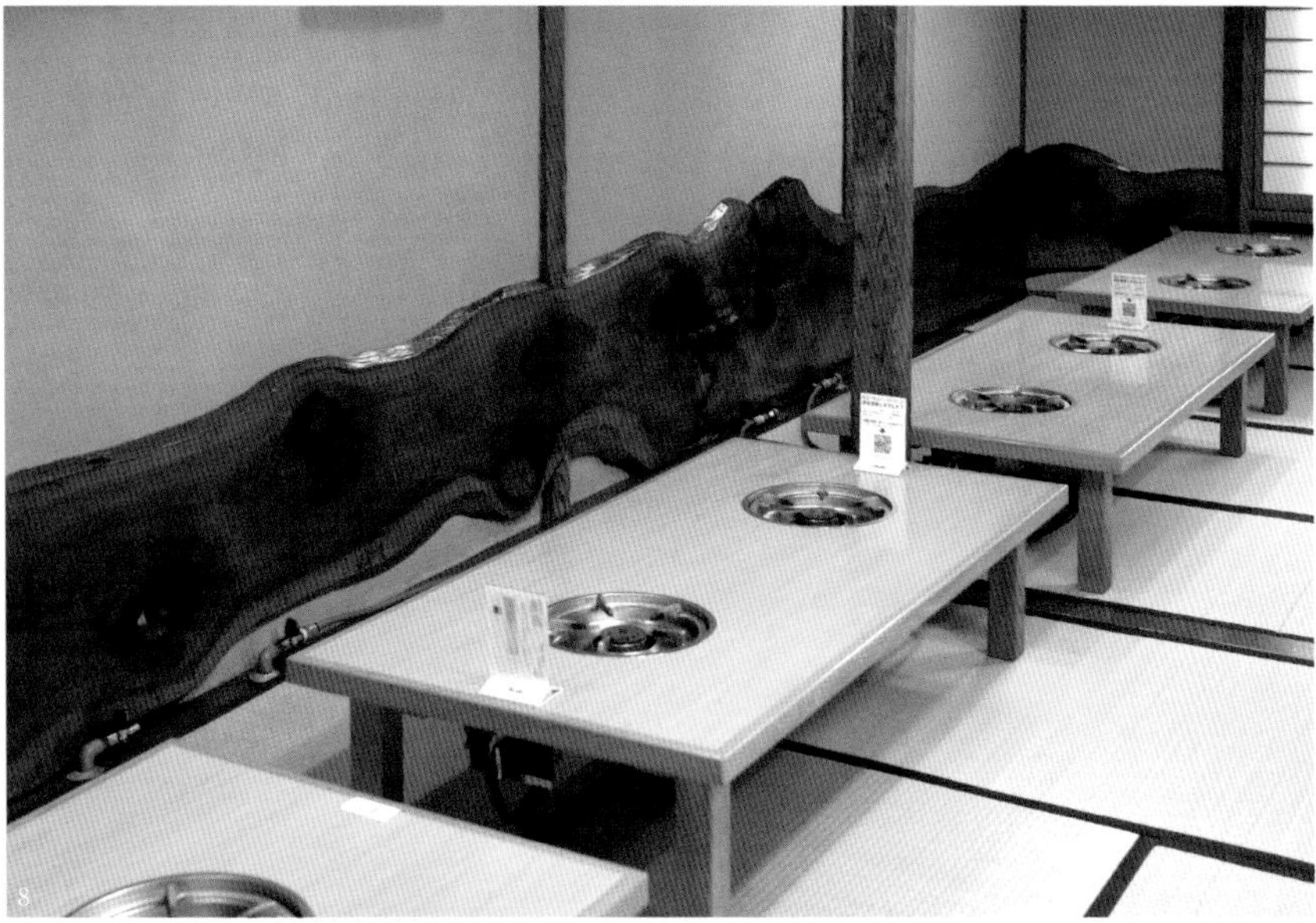

7〉黒檀《こくたん》材や磨き丸太が贅沢に使われた床の間
8〉漆で仕上げられたマツの腰板は迫力満点

吉原の粋を知る老舗の建築から東京の大衆文化・芸術を発信

10

11

12

13

9

住所：台東区日本堤1-9-2 ／ TEL：03-3872-5398
営：［火～金］17:00-22:00（L.O.21:30）、［土・日・祝］11:30-21:00（L.O.20:30）／定休日：月／予約：可（TEL、FAX、HP）
access〉東京メトロ日比谷線「三ノ輪」駅より徒歩9分

9〉昭和初期の美人画のポスターが当時の広告文化を伝える　10〉竹の組子に松と梅の透し彫りの欄間。これも宮大工の技　11〉皮付桜丸太の竿縁《さおぶち》で押さえた網代天井に見える“桜”へのこだわり　12〉階段脇に虎斑《とらふ》入りの角竹《かくたけ》を並べ、数寄屋風の粋も　13〉伝・谷文晁の絵画4幅、その上には常連だった武者小路実篤の直筆が

桜なべ みの家 本店

おわりに

「味ではなく建物の話を聞かせてください。お料理の写真は1点も載りません」思えば東京の飲食文化を代表する名店に向かって、なんと失礼千万な取材をしたことでしょう。にもかかわらず、嫌な顔ひとつせず丁寧に、ときに熱く語ってくれた店主のみなさまを思うたび、どの建築も残るべくして残ったのだと確信めいたものが湧いてきます。

絶え間ない修繕、考え抜いた変更、銘木や古い材料に対する気遣い。訪ねた先ではみな代々の生業に励みつつ、受け継がれてきた名建築をいつくしみ手をかけて、その美しさ居心地のよさを未来につなげようとしていました。

そこには建物への愛着はもちろん、お客へのもてなしの心、そして先人から託されたものを守り伝えていこうとする強い意志があります。なぜ古いものを残さねばならないのか。なぜ私たちはそれらに惹かれるのか。答えはこの24の物語の中にある、そんな気がしてなりません。

『竹むら』堀田正昭さん、『ぼたん』櫻井一雄さん、『神田まつや』小髙孝之さん、『いせ源』立川博之さん、『みますや』岡田かおりさん、『はちまき』青木昌宏さん、『寿司政』戸張正大さん、『天野屋』天野博光さん、『はん亭』阿部金俊さん、『人形町今半』髙岡哲郎さん・今村 遊さん、『㐂寿司』油井一浩さん、『日山』宮本 拓さん・前田徳子さん、『銀座ライオン』青山佳子さん・桑原悠太郎さん、『竹葉亭』別府淳子さん・別府 融さん、『鳥徳』鍋島孝太郎さん、『大坂屋砂場』稲垣真由美さん、『野田岩』金本兼次郎さん・金子真紀さん、『名曲喫茶ライオン』石原圭子さん、『中清』中川かおるさん、『神谷バー』神谷直彌さん、『みの家』永瀬 守さん、『駒形どぜう』小形輝昭さん・古屋友恵さん、『土手の伊勢屋』若林喜久雄さん、『桜なべ中江』中江白志さん。みなさまのお力でこの本はできました。大切な思いを伝えてくださったことに深い感謝の意を捧げます。心より、ありがとうございました。また、お忙しい中を数寄屋に関してたくさんのご教示をくださった鴨川商店の鴨川實豊さん、テンサンの岡田尚樹さんにも厚く御礼申し上げます。

最後に、この本を企画し取材・執筆・編集まで一緒に走ってくれたエクスナレッジの片川真祐子さんと佐藤 恋さん、限られた時間でこちらのリクエストにもこたえながら素敵な写真を撮ってくれた金子怜史さん、良きチームに恵まれ幸せです。ありがとうございました。

２０２０年６月
二階さちえ

四方柾目柱（しほうまさめばしら）
四面すべてに柾目（年輪が平行に並んだ木理）が表れた、高級な柱材

絞り丸太（しぼりまるた）
表面に縦の筋や凹凸が入った丸太。天然は10万本に一本といわれ、多くは若木に針金であて木を巻きつけて成長させ人工的につくる

スクラッチタイル
表面に縦溝をつけて焼成したタイル。日本国内では1923年竣工の帝国ホテルで初めて使われ、その後各地に普及した

隅切り（すみきり）
角の折れ曲がった部分（隅角部）を切り取ること

千本格子（せんぼんごうし）
縦の格子の目を細かくしたもので、商家の店先などによく見られる。防犯のほか、魔除けの意味もあるといわれる

袖壁（そでかべ）
目隠しなどを目的に、建物の外壁面や開口部から突き出して設けた壁

竹小舞（たけこまい）
竹を十字に組み合わせてつくる、土塗壁用の下地。篠竹が多く使われる

出桁造（だしげたづくり）
柱より外側に梁を突き出して桁とし、軒下空間をつくる店舗建築の一種。大きく立派な軒を出すことで商家の格も示されたという

三和土（たたき）
土やコンクリートで仕上げた土間の床。古くは石灰や土とニガリを混ぜたものを塗って突き固めた土間を意味した

手斧（ちょうな）
鎌倉時代から使われる曲がった柄の斧。これで木材表面を削ることを手斧はつりといい、刃の跡が残る独特のテクスチャーが得られる

束石（つかいし）
床束（ゆかづか：床を支える短い柱状の材）を立てるために据える石

床柱（とこばしら）
床の間と床脇、壁などの境に立てる化粧柱。面取り角柱が正式だが、磨き丸太や皮付き柱なども用いられる

床脇（とこわき）
床の間の隣に付随する、違い棚や天袋などで装飾を施した空間

那智黒石（なちぐろいし）
和歌山県や三重県で主に産出される、黒色で緻密な粘板岩。硯や碁石の材料となるほか、砂利を玄関の洗い出しや庭で使うことも

にじり口（にじりぐち）
体をかがめて通る茶室特有の小さな出入口。千利休の発想による

熨斗瓦（のしがわら）
屋根頂部に用いる棟瓦（むねがわら）のひとつ。雨漏りを防ぐ役割のほか、屋根の意匠にも大きく関わる

表現主義（ひょうげんしゅぎ）
18世紀初頭、ドイツを中心に展開した芸術運動。作家の内面や精神面に重きを置くことに特徴がある

船底天井（ふなぞこてんじょう）
中央を両脇より高くし、船底のような形にした天井

磨き丸太（みがきまるた）
スギやヒノキの丸太を丁寧に皮をむき乾燥させ、細かい砂で表面を磨き上げたもので、床柱や化粧材として使われる

面皮柱（めんかわばしら）
丸太を角柱に加工する際、四隅に樹皮を残して仕上げた柱。茶室や数寄屋風の建物で用いられる意匠

面取り（めんとり）
角柱などの四隅を削って、角部に平面をつくること

連子窓（れんじまど）
細い竹や木を、少し隙間をあけて並べ取り付けた窓。視線を遮りながら風や光を取り込む

用語解説

アール・デコ
アール・ヌーヴォー後に現れた装飾様式。幾何学的な模様や形態を特色とする

アール・ヌーヴォー
19世紀末ヨーロッパで起こった芸術運動。動植物をモチーフとし優美な曲線を多用した装飾性の強い意匠が特徴

網代天井（あじろてんじょう）
木を薄く削いだ板や樹皮などを編んで張った天井。茶室などで多く見られる

洗い出し（あらいだし）
左官仕上げの一種。セメントモルタルに色石などを混ぜて塗り、固まりきる前に水洗いしてモルタルを落とし、石が見えるようにする

入母屋造（いりもやづくり）
屋根の形式のひとつ。上部は左右に傾斜させ、下部は建物の四隅に葺き下ろす

入れ込み座敷（いれこみざしき）
別々にきた客を、個室などではなくひとつの座敷に一緒に入れてもてなす場

押縁下見板張（おしぶちしたみいたばり）
押縁と呼ばれる細い材で横板を押さえた下見板張。板の反りを抑えたり雨水の侵入を防ぐ

落とし掛け（おとしがけ）
床の間の上部正面につく小壁を支えるための横木

折り上げ天井（おりあげてんじょう）
長押の上に湾曲した蛇腹状の材を設け、天井面を高くしたもの。格式が高い

角竹（かくたけ）
筍を木枠にはめこんで成長させ、四角い断面にした竹材。数寄屋の意匠のひとつ

合掌造（がっしょうづくり）
岐阜県や富山県で見られる古い民家形式。茅葺で急勾配の大きな切妻屋根を持ち、屋根裏を何層にも分けて養蚕を行った

看板建築（かんばんけんちく）
関東大震災後に流行した、町屋の表側の壁面に銅板やタイルを張って耐火と装飾を兼ねた店舗併用住宅の形式

小上がり（こあがり）
料理屋などで、土間から少し高い位置に設けた座敷席

格天井（ごうてんじょう）
木材を十字に組み、その間に板を張って仕上げた天井。寺院などに多く使われ、もっとも格式の高い天井様式とされる

腰板（こしいた）
補強や汚れ防止として壁や障子の下部に張る板

竿縁天井（さおぶちてんじょう）
竿縁と呼ばれる細い横木を張り渡して、その上に天井板を載せる和風の天井

下地窓（したじまど）
土塗壁の一部を塗り残して、竹や葦でつくった下地“小舞”を見せた窓。民家の壊れかけた窓から千利休が発想したといわれる

下見板張（したみいたばり）
横板の下端部を重ねながら下から順に張って外壁を仕上げる方法

二階さちえ　ふたはし・さちえ

記者・編集者として住宅・建築・まちづくりをフィールドに取材・執筆・編集を行う。ウェブサイトや雑誌記事寄稿・書籍等執筆編集のほか、東日本大震災復興まちづくり雑誌編集長兼発行人、木造建築関連一般社団法人スタッフも務める。千葉大学大学院修士課程修了(建築計画)、工学修士。著書に『死ぬまでに見たい！世界の美しい家』『世界5000年の名建築』(ともに小社刊)がある。

東京老舗の名建築

2020年6月30日　初版第一刷発行

著者　二階さちえ

発行者　澤井聖一

発行所　株式会社エクスナレッジ
〒106-0032 東京都港区六本木7-2-26
http://www.xknowledge.co.jp/

問い合わせ先
編集　TEL. 03-3403-1381　FAX. 03-3403-1345
info@xknowledge.co.jp
販売　TEL. 03-3403-1321　FAX. 03-3403-1829